FRU eredelen

MARTIN STANGL

Fruitbomen

snoeien en veredelen

GROEN BOEKERIJ

Kosmos-Z&K Uitgevers
Utrecht/Antwerpen

GROEN
BOEKERIJ

De Groenboekerij
is een serie tuin-, bloemen-
en plantenboeken van
Kosmos-Z&K Uitgevers,
Utrecht/Antwerpen

In deze serie zijn tal van praktische en fraaie boeken van gerenommeerde auteurs verschenen voor elke plantenliefhebber. Tuinboeken, zowel voor de sier-, de moes- als de fruittuin, kamerplantenboeken, bloemschikboeken, uitgaven over vijvers, kuipplanten, bonsai en over diverse andere gespecialiseerde onderwerpen. Uitvoerige, schitterend geïllustreerde luxe standaardwerken, maar ook vele goedkope, handige gidsen verlucht met instructieve tekeningen. Let dus altijd op het Groenboekerij-vignet als u een goede groenuitgave voor uzelf of als cadeau zoekt.

Oorspronkelijke titel: Obstbäume schneiden und veredeln
Vertaling: Adri Janse
Omslagontwerp: Kees Kuiphof
Omslagfoto's: Martin Stangl
Foto's: Martin Stangl, behalve blz. 93 en 95 (Mühl)
Tekeningen: Marlene Gemke

ISBN 90 215 2313 2
D/1994/0108/074

Waarom fruitbomen snoeien?

Is het niet mogelijk om fruitbomen, net als andere houtige gewassen, vrij in de natuur te laten groeien? Zeker kan dat: ongesnoeide bomen dragen meestal eerder dan gesnoeide. Maar de keerzijde van de medaille wordt snel duidelijk. Zulke bomen raken spoedig uitgeput onder de zware last van de vele vruchten en de twijgen hangen naar beneden. Nieuwe scheutgroei is minimaal, de kroon raakt onontwarbaar dicht met hout, en bladeren en vruchten worden ernstig door schimmelziekten aangetast.

Door een juiste snoei vanaf het planten blijft de boom daarentegen levenslang open en lichtdoorlatend. In een goed opgebouwde boom ontwikkelt het vruchthout zich langs stam en takken tot onderin en niet alleen helemaal bovenin zoals bij een ongesnoeide boom. Ongesnoeide bomen dragen dikwijls erg onregelmatig. Het ene jaar zijn ze vol, met een massaoogst waar men geen raad mee weet, en in het volgende jaar is de vruchtdracht dan meestal nihil. Zoiets wordt wel beurtjarigheid genoemd. Daarbij blijven de vruchten dan erg klein. Ze krijgen door het tekort aan belichting weinig kleur en smaken zuurder. Ook zijn ze armer aan waardevolle voedingsstoffen dan vruchten die volop in de zon hingen. Ongesnoeide bomen worden vaak veel te hoog. Alle werkzaamheden in zulke bomen worden zodoende erg moeilijk, vooral de oogst. Noodgedwongen moet worden gewerkt met een hoge ladder, een gevaarlijk werk. Gewasbeschermende maatregelen zijn bij zulke hoge bomen in kleine tuinen en tussen huizen nauwelijks uitvoerbaar. Bovendien kunnen door de dichte hout- en bladmassa bladeren en vruchten niet gelijkmatig met middel worden bedekt.
Daarmee komen we bij een belangrijk pluspunt voor het snoeien van fruitbomen. Goed gesnoeide bomen blijven zichtbaar gezonder dan ongesnoeide. Anders gezegd,

Fruitboomsnoei in de praktijk. Bezoek in de winter een cursus voor meer kennis en zekerheid.

Dichte boomkronen veroorzaken zware schimmelaantastingen. Dit is schurft op een appelboom.

te dichte boomkronen worden meer dan opgesnoeide boomkronen aangetast door schimmelziekten, zoals schurft en vruchtboomkanker. Deze schimmels gedijen namelijk bij veel vocht en in ongesnoeide bomen blijven de bladeren zeer lang nat. Ook deze kleine schimmels groeien het beste onder omstandigheden zoals de bospaddestoelen. Fruitboomsnoei bevordert de vruchtkwaliteit en een gezonde bladstand. Het is dus een uitstekende gewasbescherming. Naast rassenkeuze, voldoende ruime plantafstanden en enige verzorging draagt een goede snoei veel bij aan het niet of maar weinig moeten spuiten tegen ziekten.
Ondanks alle genoemde voordelen zou het echter verkeerd zijn, wonderen te verwachten. De snoei moet worden gezien als een weliswaar belangrijk werk, maar wel als onderdeel samen met nog andere, nodig voor het succesvol telen van fruit. Zeer schurftgevoelige rassen zullen ook bij een voorbeeldige snoei nog aangetast worden door zwarte vlekken op bladeren en vruchten.
Dit gaat ook op als bomen te dicht bijeen wordt geplant. Licht- en ruimtegebrek jagen de groei van de bomen dan ondanks de snoei toch sterk de hoogte in. Ook dan zullen schimmelziekten sneller toeslaan. De snoei verhoogt de opbrengst aan vruchten niet, al wordt dat vaak gedacht. Het verbeteren van de vruchtkwaliteit zal echter zichtbaar beter binnen bereik komen. Menig tuinliefhebber meent de groei van te sterk groeiende bomen te kunnen afremmen door twijgen en takken in te korten. De teleurstelling is dan groot als blijkt dat de groei daarna nog veel sterker wordt. Terugsnoeien, zoals dit inkorten wel wordt genoemd, is dan ook een verkeerde oplossing. Een duurzame verbetering is dan meestal elke tweede boom te rooien, of een deel van de wortels af te steken. Maar niet door de dikke takken korter te maken. Wel door de gehele kroon meer open te maken en de overblijvende takken zo mogelijk op vlakliggende zijtwijgen terug te nemen. Daarmee zitten we midden in ons thema. Nog een tip: Bezoek 's winters een cursus fruitbomen snoeien. Dat zal de volgende bladzijden begrijpelijker maken. Volkshogescholen en volkstuinverenigingen organiseren zulke cursussen.

In open boomkronen blijven de vruchten veel gezonder. Kleur en smaak worden beter. Voer daarom een goede opkweeksnoei uit en dun oudere, te dichte kronen uit.

Wetmatigheden voor de fruitboomsnoei

Ofschoon elke fruitboom zich anders ontwikkelt en in feite een uniek produkt is, zijn er toch wetmatigheden die voor alle fruitsoorten en boomvormen gelden. Die moet men kennen voordat men met het werk begint.
Ten minste één regel kent iedereen: elke plant wil naar het licht groeien. Twijgen die te weinig licht krijgen verkommeren, evenals de eraan groeiende bladeren en vruchten.

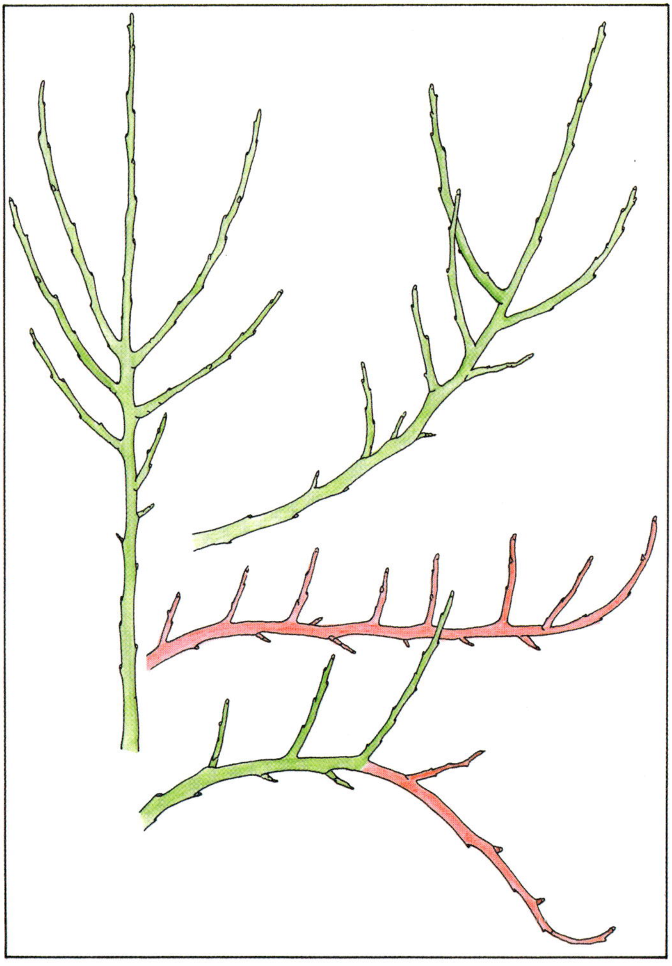

Bevorderen van de topgroei

De knop die zich boven aan een scheut bevindt zal altijd de sterkste en steilst groeiende scheut voortbrengen. De vorming van nieuwe scheuten is daarom boven aan een rechtopstaande twijg het sterkst. Lager geplaatste twijgen, met name onderin de boom, krijgen minder licht en voeding. Zij kwijnen weg, waardoor ze vruchten voortbrengen van mindere kwaliteit.

Bevorderen van de scheutgroei boven op een vlak staande tak

Bij een horizontaal groeiende scheut zijn daarentegen de knoppen boven op die scheut in het voordeel. Over de hele scheutlengte ontstaan naar boven gerichte, korte zwakke scheutjes. Die vormen op den duur het vruchthout en raken bekleed met bloemknoppen. Deze groeiregel wordt benut door in jonge bomen alle twijgen vlak te buigen die niet nodig zijn voor de opbouw van de boomkroon – zo wordt de

Horizontale takken neigen meer tot vruchtbaarheid (rood). Meer rechtstaande tot sterke scheutgroei.

Sterk terugsnoeien leidt tot sterke (1), licht terugsnoeien tot zwakke scheutgroei (2). (3) = het tegenovergestelde van deze snoeiregel.

vruchtdracht bespoedigd. Aan het eind van een vlakke twijg gaat de scheutgroei in de lengterichting in geringe mate door.

Bevorderen van de scheutgroei op de bocht van een gebogen twijg

Onder de last van een rijk behang met vruchten buigen twijgen en takken meestal sterk door. Boven op het hoogste punt van de bocht ontstaan jonge scheuten, die kunnen worden gebruikt voor het verjongen van de vruchttak. Dat houdt in dat de afgedragen tak op één van deze nieuwe scheuten kan worden afgezet. Is deze echter te sterk ontwikkeld, dan wordt dit gedaan bij een zwakkere die dichter bij het begin van de tak zal staan.

Reactie op de snoei

Door het sterk terugsnoeien van twijgen en takken blijft naar verhouding een gering aantal knoppen over. Dan ontstaan slechts enkele, maar wel zeer sterk groeiende nieuwe scheuten. Deze groeiregel wordt benut bij de snoei na het planten en bij de verjongingssnoei van oude fruitbomen. Als er maar licht wordt teruggesnoeid reageert de boom daarop met vele, verhoudingsgewijs zwakke nieuwe scheuten. Met andere woorden: licht terugsnoeien bevordert het ontstaan van vruchthout en gaat het vormen van sterke scheuten tegen. Het omgekeerde is het geval als binnen in de kroon een deel sterk en een deel zwak wordt teruggesnoeid. In dat geval overheerst de snoei ter bevordering van de topgroei: de scheuten van het zwak gesnoeide deel worden in hun groei gestimuleerd ten koste van de sterk teruggesnoeide. De twijgen zijn namelijk in hun totaliteit langer.

De snoeiregels in de praktijk

De betekenis van deze wetmatigheden voor het praktische werk wordt verder toegelicht in de volgende onderdelen. Hier moet slechts dit gezegd worden: bij de opbouw van een jonge boomkroon worden naast de stamverlengenis ook de verlengenissen van de gesteltakken teruggesnoeid. Bij leibomen zijn dat de leggertakken. Alle overige twijgen worden tot aan de basis verwijderd of onbehandeld gelaten. Door het terugsnoeien van de bovengenoemde twijgen wordt het ontstaan van nieuwe scheuten net onder de snoeiplek gestimuleerd. Door op de juiste wijze terug te snoeien wordt zo een krachtige stamverlengenis bereikt. Datzelfde geldt voor de gestel- en leggertakken. Tevens ontstaat zo zwakker jong hout (vruchthout) uit de overige lager geplaatste knoppen. Op die manier wordt een stevig frame gevormd. Er ontwikkelt zich een boomkroon die in latere jaren een last vruchten kan dragen zonder dat er gestut moet worden. Bovendien kan zo de boom in de hoogtegroei worden beperkt, terwijl de breedtegroei wordt gestimuleerd.

Verschillende soorten takken en scheuten

De jonge boom zoals ze door boomkwekers wordt verkocht, bestaat uit een stam en meerdere zijtwijgen. De stamlengte is dan al op de kwekerij bepaald. De koper kan hierdoor kiezen uit hoogstam, halfstam, enzovoorts. Na het planten in de tuin begint de doelbewuste opbouw van de jonge kroon. Hierbij verdient bij vrijwel alle boomvormen de piramidale opbouw de voorkeur. Dit is een natuurlijke vorm, die er ook leuker uitziet dan een zgn. vaasmodel of een komvormige kroon.

Het gestel

Te beginnen met de snoei na het planten wordt een sterk gestel, ook wel frame genoemd, opgebouwd. Dit bestaat uit een centrale as van de stam met verlengenis en 3 tot 4 gesteltakken. Aan die gesteltakken worden losjesweg een aantal zijtakken toegelaten. Langs deze stevige takken ontstaan bij een juiste snoei vruchttakken en kort vruchthout.

Voor de opbouw van een boomkroon zijn 3 tot 4 gesteltakken genoeg. Hier zijn ze door een grote inplanthoek goed aan de stam verankerd.

Het vruchthout

Aan het kortste vruchthout bevinden zich bloemknoppen, speciaal bij appels en peren.

Bij steenfruitsoorten zoals perziken zitten zowel bladknoppen als bloemknoppen ook aan de langere eenjarige twijgen. Ook bij veel appelrassen is dat het geval.
Vruchthout wordt onderverdeeld in:
Brindillen of kortloten. Dit zijn zwak groeiende, 10 tot 30 centimeter lange scheuten, die bij

pitvruchten (appels, peren) voornamelijk aan de top bloemen dragen en dus ook vruchten. Hierop moet speciaal worden gelet bij de leiboomsnoei.
Vruchtsporen of tuiltjes. Dit zijn slechts 5 tot hooguit 10 centimeter korte scheutjes, die meestal aan het eind een bloemknop hebben. Een even-

Boven en rechts: kortlot en meerjarige vruchtsporen aan tweejarige appeltwijg. Onder: enkele rassen, zoals Elstar, bloeien al op het eenjarige hout.

tueel daar aanwezige bladknop verandert in de volgende jaren ook in een bloemknop.
Meerjarige vruchtsporen. Deze erg korte, vaak niet langer dan 5 centimeter zijnde takjes, groeien jaarlijks enkele millimeters. Ze zien er daardoor uit of ze uit ringetjes zijn opgebouwd. In de zomer bevindt zich aan het eind ervan een

bladrozet van 3 tot 8 bladeren. De eindknop ontwikkelt zich net als bij de tuiltjes bij een goede voedingstoestand al in het eerste jaar tot een bloemknop. Bij te dichte en te veel aanwezige vruchtsporen wordt dit type vruchthout bij oudere bomen uitgedund. Deze vruchthoutsnoei leidt via groeivernieuwing tot het ontstaan van brindillen, wat weer een betere vruchtkwaliteit tot gevolg heeft.
Vruchtbeurzen. Deze enigszins bolvormige korte verdikkingen ontstaan daar waar de steel van een vrucht heeft vastgezeten aan het hout. Ook op vruchtbeurzen groeien gemakkelijk weer nieuwe bloemknoppen.

Vruchthout bij steenfruit

Bij steenfruitsoorten ontstaan bloemknoppen bij voorkeur aan eenjarige twijgen (de scheuten die vorige zomer nieuw zijn gegroeid). De eindknop is echter altijd een bladknop. Vooral bij zure kersen, ook bekend als zure morellen, en perziken zitten de meest waardevolle knoppen samen met bladknoppen aan eenjarige langloten. Bij perziken is sprake van 'echte' en 'verkeerde' vruchttwijgen. Bij de 'echte' zitten steeds drie knoppen naast elkaar. Daarvan is de middelste een bladknop. De andere twee bevatten bloemen. Dit zijn de belangrijkste vruchttwijgen, want daaraan komen bij voorkeur de perziken. 'Verkeerde' vruchttwijgen zijn daarentegen hoofdzakelijk met bloemknoppen bezet, met aan het eind een bladknop.

Vruchthout van perebomen. Linksonder: vruchttak met vruchtbeurzen. Rechtsboven: brindil met bloemknoppen, rechtsonder: langlot of houttwijg.

Boekettwijgen zijn de belangrijkste bloem- en dus vruchttwijgen bij kwetsen, pruimen, zoete kersen en abrikozen. Zij doen enigszins denken aan de meerjarige vruchtsporen bij appels en peren, met dit verschil dat het topje is bezet met een rozet van meerdere knoppen. De bloemknoppen zijn daarbij te herkennen aan de bolronde vorm. Meestal zitten in het midden van de opeenhoping van knoppen enkele spitse bladknoppen.

Langloten of houtscheuten bij pit- en steenfruit

Sterk gegroeide eenjarige scheuten worden langloten genoemd en heten houtscheuten als ze uitsluitend bladknoppen bevatten. Soms zijn ze te gebruiken bij de opbouw van het gestel en de stamverlengenis. Waar bij pitvruchten niet alle rassen bloemen voortbrengen aan de langloten, komen bij steenfruit daaraan zowel blad- als bloemknoppen veelvuldig voor. Er zijn echter ook langloten met alleen bladknoppen.

De concurrentscheut of -twijg. Deze speelt voor de opbouw van de bomen een belangrijke rol. Het zijn de – meestal twee – scheuten die zich zijdelings naast en onder de hoofdverlengenis van een sterk groeiende twijg bevinden. Vrijwel altijd gaat het om houttwijgen, dus zonder bloemknoppen. Zij ontstaan ook na het terugknippen van sterke twijgen of takken; hun inplanthoek is daarbij vrij scherp, dicht tegen de hoofdas aan. Ze worden bij vrijwel elke snoei met voorrang verwijderd, tenzij de concurrentscheut sterker ontwikkeld is en een betere stand heeft voor de tak- of stamverlenging. In dat geval wordt de hoofdverlengenis weggenomen samen met de tweede concurrent. De best geplaatste wordt dan aangehouden.

Knoppen en 'ogen'

Er zijn verschillende soorten knoppen. Men moet ze kennen alvorens met het snoeien van fruitbomen te beginnen.

Links: vruchthout en eenjarig langlot van kwets. Rechtsboven zoete kers en rechtsonder zure kers, beide met tweejarig hout en eenjarige verlengenis.

Blad- of houtknoppen hebben een spitse vorm. Zij zijn vooral aan eenjarige twijgen te vinden. Op een gunstige plek en bij voldoende voeding geven zij meestal een sterke scheut, een langlot.
Bladknoppen kunnen ook dik zijn en lijken dan bedrieglijk veel op bloemknoppen, maar zijn herkenbaar spitser.
Bloem- of vruchtknoppen hebben daarentegen een meer of minder ronde vorm en zijn dikker. Bij steenfruit zijn ze meestal pas tegen het voorjaar goed te herkennen.
Bloemknoppen worden steeds in de zomer gevormd die voorafgaat aan het bloei-jaar. Bij appel en peer bevatten deze bloemknoppen ook bladeren; daarom worden ze ook wel gemengde knoppen genoemd. Bij steenfruit zit er alleen bloesem in.
Ogen. Knoppen worden ogen genoemd in het beginstadium van hun ontwikkeling tijdens de zomer. Ze zitten in de bladoksels, tussen bladsteel en scheut, tussen de groene bladeren. De boomkweker gebruikt ze om er mee te oculeren. Dit is een manier van enten, ook wel veredelen genoemd, waarbij in augustus een 'oog' van een gewenst ras op de onderstam wordt gezet. Zodra de ogen goed zijn ontwikkeld en uitgerijpt, wordt van knoppen gesproken; toch spreekt men op snoeicursussen en verhandelingen over de snoei herhaaldelijk afwisselend van knoppen en ogen, om niet steeds hetzelfde woord te moeten gebruiken. Voor ons van belang is het begrip 'slapende ogen': deze spelen een belangrijke rol bij het open snoeien en verjongen van oudere bomen. Slapende ogen zijn onzichtbare, onder de bast aanwezige kleine knopjes. Door bepaalde prikkels van buitenaf, bijvoorbeeld wanneer dikke takken uit de kroon worden verwijderd of ter verjonging fors worden ingekort, lopen zij massaal uit. Zo ontstaan *waterloten*: groeikrachtige, dicht bebladerde jonge scheuten, die door bepaalde handelingen toch tot vruchtdracht kunnen worden gebracht.

Boomkronen opbouwen met maar enkele sterke takken en steeds open houden, zodat het vruchthout zich tot aan de stam kan ontwikkelen en tot op hoge leeftijd gezond blijft.

Takken, twijgen, scheuten

Takken. De dikkere houtige delen in de kroon worden takken genoemd. Soms bereiken ze een doorsnee van 20 centimeter of meer. Die ontwikkeling moet al bij de jonge boom worden voorzien, daarom mag de kroon met niet meer dan 3 tot 4 zware gesteltakken worden opgebouwd.
Twijgen. Onder twijgen verstaat men meestal jonge, duimdikke takken tot een jaar of vier oud.
Scheuten zijn niet ouder dan 2 jaar. Men spreekt van eenjarige en tweejarige scheuten. De naam wordt ook gebruikt voor spruiten die nog maar net aan het ontstaan zijn. Op grond van hun aanwezigheid bepaalt de vakman meestal dat de boom 'nog zeer groeikrachtig' is, waarmee hij bedoelt dat de boom nog gezond groeit.

Snoeigereedschap

Om met plezier te snoeien is goed gereedschap van groot belang. Het werk verloopt licht en de snoeiwonden groeien sneller dicht. Het is verkeerd om hierop te bezuinigen, want solide gereedschap gaat een leven lang mee.

De snoeischaar

Het belangrijkste gereedschap in de boomgaard! Ik werk al jarenlang met een Felco 2. Dit is een beproefde snoeischaar van Zwitserse makelij, die in vrijwel elk tuincentrum en iedere vakwinkel verkrijgbaar is. Ze is niet goedkoop, maar is haar prijs zeker waard. Deze schaar ligt als gegoten in de hand en laat zich met de duim van de snoeihand spelenderwijs openen en sluiten. Daarmee blijft de andere hand vrij om de ladder of een tak vast te houden. De Felco-schaar is een lichtgewicht die ook na langdurig snoeiwerk niet vermoeit. Ze maakt een scherpe snede mogelijk en knipt vrij dikke takken zonder al te veel kracht te vragen; de felrode handvatten maken de Felco ook makkelijk vindbaar in de sneeuw. Alle aan slijtage onderhevige onderdelen laten zich gemakkelijk vervangen en zijn los verkrijgbaar.
Onderhoud: messen geregeld slijpen, en veer en sluiting af en toe een drupje olie geven. Namaak van ander fabrikaten is weliswaar iets goedkoper, maar het verschil merkt men snel. Natuurlijk zijn er ook nog andere goede scharen. Op bestelling zijn ze ook voor linkshandigen te krijgen.

De boom- of snoeizaag

Ideaal vind ik eén beugelspanzaag met houten handgreep. Door de spanmogelijkheid is ze gemakkelijk te verstellen, zodat elke tak ook onder een moeilijke hoek zuiver vlak langs zijn basis kan worden afgezaagd. Dat is met een zaag met vast zaagblad niet mogelijk.
Onderhoud: spanhevel en vastzetschroef van tijd tot tijd wat olie geven en aanklevende hars van het blad wassen met benzine.
Vraag om een beugelzaag met een blad van Zweeds staal. Zodra hij niet meer scherp genoeg is kan hij simpel worden vervangen.
Zware takken op goed toegankelijke plaatsen, zoals bij een leiboom langs de muur, zijn ook goed met een 'steekzaag' te verwijderen. Men kan ook daar echter goed met de beugelspanzaag uit de voeten.

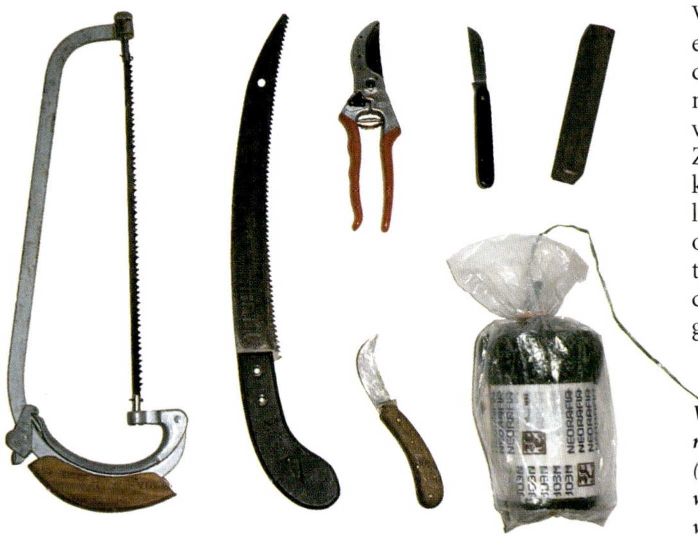

Van links naar rechts: boomzaag met verstelbaar blad, steekzaag (vossestaart), snoeischaar, entmes, wetsteen. Onder: snoeimes en raffia voor het vlakbinden van twijgen.

Alleen een stabiele, standzekere ladder maakt het mogelijk veilig te werken aan de buitenkant van een boomkroon.

Het snoeimes

Dit is een stevig mes met een gebogen houten handgreep en een minstens 7 centimeter lang, licht gebogen stalen lemmet. Met een snoeimes kunnen we zaagwonden en stambeschadigingen netjes bijsnijden en vooral vruchtboomkankerplekken verwijderen. Natuurlijk is het ook goed bruikbaar in de bloemen- en groentetuin.

De wet- of slijpsteen

Deze moet tweezijdig verschillend zijn, de ene kant met een grove en de andere kant met een fijne slijplaag. Voor het gebruik moet ze met water worden bevochtigd. Wanneer de snoeischaar niet meer scherp genoeg is, wordt de snede van het mes met draaiende bewegingen vlak over het grove steenoppervlak gehaald. Het snoeimes wordt aan één kant met draaiende bewegingen eerst voorgeslepen op het grove steenvlak en daarna op dezelfde manier nageslepen op het fijne slijpvlak. Slijp een braam aan de snede weg door aan de 'ongeslepen kant' licht na te slijpen met het fijne slijpvlak.

De ladder

Bij het snoeien en oogsten van hoog- en halfstammen is een vaste stand op de ladder van zeer groot belang. Jaarlijks gebeuren er ernstige ongelukken omdat de ladder niet goed stevig staat of bij houten ladders de sporten gammel zijn.
Een ladder met twee steunpoten heeft de voorkeur. Die kan zowel tegen stevige takken worden aangelegd, alsook veilig aan de buitenkant van een hoogstamkroon worden gebruikt. Zulke standzekere ladders zijn er ook in lichtmetalen uitvoering. Vaak bestaan die uit twee in elkaar verlopende losse delen, die indien gewenst ook in elkaars verlengde als een lange ladder kunnen worden gebruikt. Dat maakt ze zeer geschikt voor erg hoge bomen en ook voor leibomen langs een huis. Bij een sterk hellende bodem heeft de Zuidtiroler eenpootsladder bewezen goed bruikbaar te zijn.

De inplantsnoei en de opkweeksnoei

Appelstruik met maar enkele gesteltakken en losweg geplaatst vruchthout langs de stam.

Halfstam, hoogstam, struikvorm, het maakt niet uit, alle boomvormen worden vrijwel direct na het planten gesnoeid. Het begint al met de *wortelsnoei.* Dan worden de beschadigde wortels kort achter de beschadiging teruggeknipt tot in het blanke gezonde hout. Gezonde, meer dan potlooddikke wortels worden echter nauwelijks ingekort: hooguit een centimeter en met een scherpe schaar. Op zulke gladde wonden ontstaan namelijk snel kleine nieuwe haarwortels. Omdat de boom bij het rooien op de kwekerij wortels heeft verloren, moet dit wortelsnoeien tot het hoognodige beperkt blijven. Hoe meer gezonde wortels een boom heeft als hij wordt geplant, des te beter loopt hij uit.

Nu dan de eigenlijke *inplantsnoei.* Wordt in de herfst geplant, dan is het beter te wachten tot eind februari, om koudeschade aan de wonden te voorkomen. Bij het planten in het voorjaar wordt zo mogelijk onmiddellijk ingeknipt. Deze snoei legt de basis voor een ideale boomvorm, bestaande uit stam, gestel- en zijtakken, en bedoeld als gestel waaraan zich los verspreid vruchttakken en vruchthout bevinden. Ze geldt voor vrijwel alle fruitsoorten die als half- of hoogstam worden geplant, evenals voor laagstammen of struiken.

Het kiezen van de gesteltakken

Allereerst worden drie sterke, gezonde en gunstig langs de stam geplaatste twijgen uitgezocht. Deze drie – de latere gesteltakken – mogen niet op dezelfde hoogte uit de stam komen, maar ongeveer over een lengte van 50 centimeter rondom verspreid. Dit leidt tot een goede 'verankering' ervan. Komen ze als het ware uit één punt, dan kan de verlengenis van de stam door 'afsnoeren' problemen geven. Als er geen drie ideale twijgen aanwezig zijn, dan kunnen drie tijdelijke, minder ideale worden gebruikt. Die worden wel binnen twee jaar alsnog vervangen door beter geplaatste twijgen, mits die zich in die tijd langs de verlengenis van de stam hebben ontwikkeld.

Bij de inplantsnoei slechts drie goed verdeeld staande twijgen als toekomstige gesteltakken aanhouden en deze op een buitenwaarts gerichte knop terugknippen.

Fout. Een gestel als een eierklutser: de harttak is helemaal verwaarloosd, de linkertak overheerst.

In het ideale geval staan deze toekomstige gesteltakken onder een stompe hoek in de stam ingeplant. Zo mogelijk staan ze een eindje bij de stam vandaan in een hoek van 45 graden omhoog. Onder een scherpe hoek ingeplante twijgen zijn ongeschikt, omdat het gevaar bestaat dat ze later uit de stam scheuren als er veel vruchten aanhangen of er een pak sneeuw op ligt. Daarom ook worden nu alle steil ingeplante scheuten uit de jonge boom weggeknipt, zoals de concurrenttwijgen, die meestal onder een zeer scherpe hoek staan ingeplant en boven aan de middentak (de stamverlengenis) zitten.

Zwakke twijgen sparen

Naast de drie toekomstige gesteltakken kunnen ook nog enkele zwak groeiende twijgen worden aangehouden. Voor zover deze niet horizontaal staan ingeplant, worden ze in die stand gebogen door ze vlak te binden met onder andere raffia. Zulke twijgen worden niet teruggeknipt, zodat ze ook geen concurrenten zijn voor de drie gesteltakken. Ze vormen meestal vroegtijdig bloemknoppen en helpen tevens de jonge boom voeden via de assimilatie van hun bladeren.

Terugsnoeien van de gesteltakken

Staat een van de toekomstige gesteltakken steiler dan de andere, dan wordt ook die uitgebogen. Bij een te vlakke stand daarentegen wordt hij opgebonden met raffia. Daarna worden deze takken met minstens een derde tot de helft teruggeknipt, net boven een naar buiten staande knop, zodanig dat ze even lang zijn. Bij het steenfruit mag nog dieper worden teruggeknipt, omdat daar alleen bij een sterke snoei veel knoppen uitlopen en de jonge gesteltakken zo vanaf onderaan met vruchthout worden bekleed. Het terugsnoeien bevordert bovendien de diktegroei van de gesteltakken. Zoals reeds eerder vermeld: hoe sterker het terugknippen, des te beter lopen de knoppen uit. Door diep terug te snoeien wordt ook de balans tussen wortels en kroon weer hersteld. Bij het rooien heeft de boom immers veel wortels verloren. Zonder terugsnoeien kunnen de resterende wortels de twijgen niet voldoende van water en voeding voorzien, zodat de knoppen en zwakke scheutjes zeer matig uitlopen.
Aansluitend wordt de stamverlengenis (harttak) zover teruggesnoeid dat hij ongeveer een handbreedte boven de drie gesteltakjes uitsteekt. Dit gebeurt dan bij een knop die aan dezelfde kant zit als waar in de boomkwekerij voor het laatst is ingeknipt. Door dit jaarlijks 'zigzaggen' ontstaat de fraaiste voortzetting van de stam. Is er sprake van een overheersende windrichting, dan wordt de harttak op een aan die kant staande knop geknipt.

Bij de snoei van pas geplante bomen niet kinderachtig zijn, maar de twijgen fors inkorten! Alleen zo ontstaan al in het plantjaar flinke scheuten.

De opkweeksnoei

Aan het einde van de volgende winter wordt de jonge boom opnieuw gesnoeid. Dit heet opkweeksnoei, omdat dit doorgaat tot de kroon klaar is. Afhankelijk van de fruitsoort kan dat 5 tot 8 jaar duren. Eventueel gebruikte spalken of mikken om de takken naar buiten te buigen, worden eerst weggehaald, daarna worden de gesteltakken bekeken. Vervang voor zover nodig nu tijdelijke gesteltakken door beter geplaatste definitieve.
Bij de opkweeksnoei worden alle concurrenttwijgen evenals die welke bovenop de takken zijn ontstaan, verwijderd. Ook waar de twijgen te dicht op elkaar staan wordt uitgedund, uitgezonderd de vlak staande. Alles wordt glad weggeknipt, dus tot aan de voet van de scheut. Alle verder nieuw ontstane twijgen worden – voor zover ze niet te dicht bijeen staan – zo nodig vlak gebogen met raffia of zacht touw.
Vervolgens worden de diverse gestelverlengenissen weer teruggeknipt. Daarbij wordt gelet op de groeikracht van de boom. Is de groei van vorig jaar fors geweest, dan wordt niet meer zo sterk ingekort als bij het planten. Als de boom echter zwak heeft gereageerd, worden bij wijze van uitzondering de gesteltakken ongesnoeid gelaten. De nieuwe groei komt dan uit de sterk ontwikkelde eindknoppen.

Omdat de sterkte van het inknippen tussentijds goed moet kunnen worden beoordeeld, moet men weten wat het doel ervan is: vrijwel alle knoppen langs de overblijvende twijgen moeten uitbotten. Wordt een gesteltak te weinig teruggeknipt, dan zullen wel de bovenste knoppen daarvan uitgroeien, maar niet die welke zich aan het onderste deel bevinden. Daardoor raakt de gesteltak te weinig bekleed met vruchthout en blijft hij kaal en zwak. Wordt er daarentegen te sterk teruggesnoeid, dan lopen alle knoppen uit, maar veel sterker dan nuttig en dus gewenst is, want er vormt zich dan nauwelijks vruchthout. Er ontstaan veel te veel houttwijgen, die door hun dicht opeenstaan steil omhoog groeien en daarom moeten worden weggenomen. De inknipsnoei is ideaal van sterkte als weliswaar alle knoppen reageren, maar slechts weinige uitgroeien tot sterke scheuten, zodat de zwakkere zich kunnen ontwikkelen tot het toekomstige vruchthout.

Om licht in de kroon te krijgen moeten gesteltakken zo mogelijk op een buitenwaarts groeiende twijg worden gesnoeid.

De opkweeksnoei – het tweede jaar en de daaropvolgende jaren

In het tweede jaar na het planten en de daaropvolgende jaren blijft de snoei hetzelfde. Wat er bijkomt, is het opkweken van zijtakken, ongeveer drie per gesteltak. De ene groeit naar links, de andere naar rechts, weer een andere is iets naar voren gericht. De eerst geplaatste komt ongeveer 80 centimeter uit de stam, anders wordt later de kroon te dicht. Onderling moeten ze ongeveer een meter uit elkaar staan. Zo bereikt men dat door de hele kroon later een zo gunstig mogelijke lichtinval kan plaatsvinden. Heel goed is het als die zijtakken licht schuin omhoog groeien. Ze mogen nooit hun gesteltak gaan overheersen. De verlengingen van de zijtakken worden alleen bij een zwakke groei lichtjes ingekort, in alle andere gevallen worden ze teruggeknipt op een zijtwijg.
Alle overige twijgen die langs de gesteltak ontstaan worden als vruchttakken opgekweekt. Ze worden dus absoluut niet ingekort, maar zo teruggezet op jonge twijgen dat hun eindpunt vlak of iets door het horizontale heen wijst. Hiermee wordt voorkomen dat ze hun basis, de zijtak, beconcurreren. Jonge twijgen die zich langs de gestel- en zijtakken ontwikkelen en te dicht opeen staan, worden elk jaar weggesnoeid. Ook langs de harttak mogen losweg enkele vruchttakken ontstaan, zodanig dat ze in een open ruimte groeien en de vruchttakken die eronder groeien niet overschaduwen.
In de volgende jaren worden bij de opkweeksnoei alle concurrenttwijgen aan de gesteltakken, inclusief de harttak, en aan de zijtakken weggesnoeid.

Opkweeksnoei. Concurrenten en alle binnenin groeiende twijgen verwijderen. Te steil staande gesteltakken uitzetten met mikken.

Ideaal opgebouwde kroon (appelhalfstam) met drie sterke goed verdeelde gesteltakken en daaraan los verdeelde zij- en vruchttakken. Alle frametakken zijn rijkelijk met vruchthout bekleed. Het zonlicht kan tot diep in de kroon doordringen.

Ook andere steil staande jonge twijgen die boven op de sterke takken zijn ontstaan, worden zo glad mogelijk weggenomen. Staan ze echter enigszins schuin, dan kunnen ze vlak worden gebonden en zo worden omgevormd tot vruchttakken. Dit is echter alleen zinvol als er nog genoeg plaats voor is, of als ze als vervanger van afgedragen vruchttakken kunnen dienen.
De eenjarige verlengenissen van de gestel- en zijtakken worden teruggesnoeid. Daarbij komt de zwakste gesteltak het eerst aan de beurt. Zorg dat alle gesteltakken met elkaar in evenwicht zijn. Hiervoor is een vuistregel: zwakke verlengenisscheuten worden ongeveer op de helft doorgeknipt. Bij een sterke jaarlijkse groei is meestal echter een derde eraf voldoende. Belangrijk is daarbij steeds op een naar de buitenkant van de kroon gerichte knop te snoeien, zodat een breed uitwaaierende, goed belichte kroon kan ontstaan.
Wanneer de gesteltakken te steil groeien, moet worden ingegrepen: afzetten op een naar buiten gerichte twijg of zwakkere tak.
De harttakverlengenis mag de eerste jaren slechts een handbreedte boven de gesteltakken uitkomen. Aan het einde van de opbouwperiode mag ze ongeveer een halve meter hoger zijn. Zo krijgt men een boom met een naar verhouding lage kroon en een vlakpiramidale vorm: na de snoei moet de boom eruitzien als een huis met een bijna plat dak.
Door de opkweeksnoei ontstaat zo een boom met een krachtig gestel, bestaand uit de stam, de harttak, gesteltakken en zijtakken. Aan dit gestel ontwikkelen zich de vruchttakken met het vruchthout.

Bij deze bijna 40 jaar oude appelboom zijn alle twijgen op korte stompjes teruggesnoeid (boven links), zodat uit alle ogen sterke scheuten groeien. Elk jaar ontstaan meer waterloten: uit een dergelijke stomp met 4 knoppen ontstonden 4 sterke houtscheuten. Worden die 's winters ook weer elk op 4 ogen gesnoeid, dan zijn er 's zomers 16 scheuten, dan 64, enzovoort. Door deze 'bezemsnoei' was de kroon weldra zo dicht dat er geen sprankje licht meer in kon doordringen.
Bij het corrigeren werden eerst alle te dicht bijeenstaande takken weggehaald, dan het merendeel van de sterke houtscheuten, bij elkaar 948 scheuten. Alleen de scheuten die genoeg ruimte hadden werden gehandhaafd, aan elk takeinde meestal maar één. Verder zijn de zwakkere en enigszins schuin staande en vooral de vlak staande twijgen gehandhaafd. Ze werden geen van alle ingekort, eensdeels om nieuwe sterke scheutgroei tegen te gaan en anderdeels om snel intreden van bloei en vruchtbaarheid te bevorderen. De afbeelding op blz. 23 bovenaan toont de aldus gecorrigeerde boom. De foto daaronder toont de boom twee jaar later.

Boven: Deze tuinvriend maakte er een kaalgeschoren geheel van. Takken en vruchthout werden `weggeschoren' en alleen de stammen bleven over. Dit kost minstens twee jaar oogst, maar toch is hier redding mogelijk. Via de beschreven opkweeksnoei kan uit de te verwachten groei-explosie zonder meer een nieuwe kroon worden opgebouwd.

De zomersnoei

Bij halfstam, hoogstam of struikvorm is het aan te raden de opkweeksnoei te laten volgen door een zomerbehandeling in juli/augustus. Het versnelt de kroonopbouw. Dan worden alle daarvoor overbodige scheuten weggeknipt, die anders in de winter moeten worden weggehaald. In de eerste plaats gaat het om de concurrentscheuten aan de einden van de gesteltakken, evenals de steile staanders op de ruggen van de dikkere takken, die binnenwaarts in de kroon groeien en daarmee de lichtinval versperren. Tevens worden zwakke scheuten uitgedund als ze te dicht opeenstaan. Bij appel en peer moeten deze worden teruggesnoeid tot op de onderste bladrozet, zodat daar dan later bloemknoppen kunnen ontstaan.

Alle overblijvende scheuten die geen deel uitmaken van het gestel worden vervolgens horizontaal gebonden, voor zover ze al niet overwegend die stand hebben. Langloten worden zo omgebouwd tot vruchttwijgen. Hoe vlakker namelijk een twijg in de boom staat, des te meer neigt hij tot bloem- en vruchtvorming. Hoe steiler daarentegen, des te sterker groeit hij. Natuurlijk kan dit platbinden ook bij de wintersnoei gebeuren. Ze zijn dan echter stugger vanwege het 'verhouten' en het duurt ook veel langer eer ze die vlakke stand voorgoed hebben aangenomen. In de zomer gaat het makkelijker omdat ze dan nog kruidachtig zacht zijn. Na slechts een paar weken houden ze al die vlakke stand, zodat op zijn laatst in de winter het bindmateriaal losgeknipt kan worden.

In plaats van met bindmateriaal kan ook met gewichtjes worden gewerkt. Door die aan de scheuten te hangen buigen ze door. Een aardige methode is dan kleine bloempotjes te vullen met cement en daar gelijktijdig een U-vormig stuk ijzerdraad zover in te steken dat een klein hengsel ontstaat. Met wasknijpers kunnen die betonpotjes dan ergens aan het bovenste deel van de uit te buigen scheuten worden vastgezet (zie foto blz. 27). Na enkele weken kan worden gekeken of de behandelde scheuten al horizontaal blijven staan. Zo ja, dan kunnen de potjes worden verhangen aan weer andere vlak te buigen scheuten. Ze zijn ook wel te koop, maar relatief duur.

In het kader van de zomersnoei kunnen ook sterk groeiende scheuten worden afgeremd door de zachte topjes, de groeipunt, er af te knijpen, gewoon met de duimnagel. Deze methode is heel goed toe te passen als bijvoorbeeld een van de jonge gesteltakken dreigt te gaan overheersen, waarbij de overblijvende twee een zwakkere groei vertonen. Die kunnen in hun groei worden gestimuleerd door bij de overheersende scheut de top er uit te knijpen. Daarmee kan het evenwicht in de kroon snel worden hersteld. Heel vaak groeit ook de harttakverlengenis in verhouding tot de andere gesteltakken te snel omhoog. Vooral bij peren is dat het geval. Dan worden de zijdelingse concurrenten helemaal weggehaald en de verlengenis wordt getopt.

Wie zomersnoei op jonge bomen toepast, heeft in de winter niet veel meer te snoeien. Wat dan overblijft is de verlengenissen van gestel- en eventuele zijtakken op een buitenoog te knippen – al het andere is in feite al gedaan. Door de zomersnoei wordt de sapstroom uitsluitend door de overblijvende waardevolle delen benut. Hierdoor zal de kroon in kortere tijd klaar zijn. Er is nog een voordeel: begint de jonge boom al vrucht te dragen, dan zorgt zomersnoei voor een betere belichting van de vruchten.

In geen geval mag met zomersnoei te vroeg worden begonnen. Pas in de tweede helft van juli en in augustus is het de tijd ervoor. Te vroege zomersnoei veroorzaakt sterke hergroei van nieuwe scheuten.

Groeikrachtige jonge boom voor de zomersnoei (boven links) en erna (onder rechts). Alle scheuten die 's winters zonder meer moeten worden weggehaald, worden al in juli uitgeknipt, om te beginnen de concurrenten (boven rechts) en alle naar binnen groeiende scheuten (onder rechts). Te steil staande takken worden uitgezet met een mik (onder links).

Hulpmiddelen bij de snoei

Niet alle fruitbomen groeien zoals men wenst, ook al zijn de eerste snoei en daaropvolgende opkweek nog zo goed uitgevoerd. Er zijn echter diverse kneepjes om toch ongeveer de ideale boomvorm te krijgen. Evenzo kan de ontwikkeling van houtscheuten maar ook die van vruchthoutvorming worden beïnvloed.

Uitzetten en binden

Niet altijd staan de toekomstige gesteltakken in een stompe hoek en dan iets van de jonge boomstam af omhoog in een hoek van ongeveer 45 graden. In de meeste gevallen staan ze te steil. Met behulp van mikken kan dat worden gecorrigeerd. Die worden gemaakt van oudere takken, afkomstig van de snoei van oudere bomen. Het beste is het als ze zich vergaffelen. Ze hoeven dan alleen bij de vork te worden afgeknipt en voor de lengtebepaling op hun toekomstige plek in de boom te worden gehouden. Daarna wordt het andere eind op de goede lengte wigvormig bijgeknipt en uit de wig wordt een driehoekje geknipt. Hierdoor heeft de mik bij wind voldoende houvast. Is geen eigen bruikbaar ouder hout voorhanden, dan moet het van elders worden gehaald, bijvoorbeeld uit tuinheesters. Ook kan een stuk tak aan twee kanten wigvormig worden gemaakt. Heel geschikt hout om mikken te maken is bijvoorbeeld dat van de vlier. Dikke vliertakken hebben binnenin een breed mergkanaal, wat het maken van wiggen in de einden erg makkelijk maakt. Zie ook de afbeeldingen hieronder.
Belangrijk is ook dat de mikken voor de wintersnoei worden geplaatst. Pas daarna worden de einden van de gesteltakken zo teruggesnoeid dat ze zich in evenwicht met elkaar bevinden. Als zo'n correctie nodig is moeten de mikken vaak 1 tot 2 jaar in de kroon blijven zitten. Of ze weg kunnen, is te zien door ze weg te nemen. Blijft de tak in de gewenste stand staan, dan is het goed; zo niet, plaats de mikken dan weer terug. Bij kleine wijzigingen kunnen de mikken

Mikken. Links vlierbeshout, rechts hazelnoothout met vergaffeling. Onder: een uit het snoeihout gemaakte mik.

soms al in de zomer worden weggehaald. Soms vallen ze vanzelf uit de boom.
Het tegenovergestelde van uitzetten is het opbinden van twijgen, teneinde ze een gunstiger stand te geven. Vooral bij heel jonge bomen is dit doelmatig. Zodra de twijg in de gewenste stand groeit, kan het bindmateriaal worden weggenomen.

Vlakbinden

Met vlakbinden wordt de vruchtbaarheid van een twijg bevorderd. Het is van groot belang om dit te doen. Alleen dan treedt volgens de regel omtrent scheutgroei op een vlakke tak het gewenste effect op. Wordt de scheut krom met de top naar onder gebogen, dan ontstaat ongewenste sterke scheutgroei op de bocht, ook een snoeiregel.
Door het vlakzetten kunnen twijgen in jonge bomen worden aangehouden, die anders met de wintersnoei zouden worden verwijderd, hetzij omdat ze schuin omhoog staan, hetzij omdat ze boven op de rug van de takken staande, een goede lichtinval in de kroon belemmeren. Zo gauw ze echter met betonblokjes, bindmateriaal en dergelijke in een horizontale stand zijn gebracht, moeten ze ongestoord kunnen uitgroeien om bij voorkeur bloemknoppen aan te maken.
Zie ook: De zomersnoei (blz. 24).

Scheuten kunnen met raffia worden vlakgebonden. Voor hetzelfde doel kunnen betonblokjes en buighaakjes van stevig ijzerdraad worden benut.

Vlak staande twijgen worden eerder vruchtbaar.

De knobbelvormig verdikte entplaats moet na het planten zichtbaar zijn (rechts).

Het ringen van de bast

Ook met het ringen van de bast kunnen appel- en perebomen tot het aanmaken van bloemknoppen worden aangezet, met name wanneer ze ondanks een juiste snoei en op grond van de leeftijd al volop zouden moeten dragen. Daartoe wordt in de eerste helft van juli met een scherp snoeimes een bijna twee vingers brede reep bast rondom de stam weggesneden. Dit tijdstip is van groot belang. Gebeurt het op een ander moment dan zal geen (extra) bloemknopaanleg plaatsvinden en het dichtgroeien van de wonde minder voorspoedig verlopen. Beter is de wond niet met de vingers te beroeren. Bij wijze van uitzondering moet de open wond niet met een wondafdekmiddel worden ingesmeerd.
De werking van het ringen is als volgt: de door bladeren en zonlicht aangemaakte bouwstoffen (assimilaten) kunnen onvoldoende doorstromen naar de wortels. Ze hopen zich op boven de ring in de kroon, waardoor bloemknoppen worden aangelegd.

Een te diep geplante vrije spil. Te sterke groei, wortelgroei uit de stam (rechts).

Halvemaanvormig kerven boven slapende ogen. Jonge scheutgroei begin zomer (links). Reeds het volgende voorjaar bloeide een der beide scheutjes.

Ook zonder insmeren geneest de wonde 's zomers in elk geval gedeeltelijk om de volgende zomer volledig dicht te groeien. Hierdoor kan de sapstroom weer ongehinderd van boven naar onder lopen. Eenmalig ringen van de bast heeft dus geen langdurig effect. Zo nodig moet daarom nog een of meer keren worden geringd.

Het 'repareren' van een vrije spil

Wanneer een moderne dwerglaagstam, een vrije spil, te sterk groeit en een veel te grote kroon ontwikkelt, heeft dat meestal twee oorzaken: of hij staat geënt op een te sterke onderstam, of hij werd te diep geplant. Sterk snoeien helpt in zulke gevallen helemaal niets. In het eerste geval kan worden volstaan met regelmatig wortels af te steken. Staat de spil echter te diep geplant, dan is de entplaats (een knobbelvormige verdikking onder aan de stam) met grond bedekt. Daardoor kunnen zich uit de stam van het ras wortels vormen. Daarmee is de werking van de zwak groeiende onderstam uitgeschakeld en het boompje begint hard te groeien, als ware het op een zaailing-onderstam veredeld. Hier is maar één oplossing mogelijk: de grond rond de stam weggraven zodat de veredelingsplaats vrij komt en de uit de stam komende wortels wegknippen, voor zover ze niet meer dan duimdik zijn. Zitten er veel van zulke wortels dan kan dit werk beter in twee jaar worden uitgevoerd, om de verandering wat lichter te maken voor de boom.

Het kerven

Het komt voor dat er twijgen missen op plaatsen waar ze voor de kroonopbouw nuttig zouden zijn; bij spalieren of leibomen is dat vaak het geval. Dan helpt een kerf in de bast, waarmee slapende ogen 'wakker' worden gemaakt. Ze lopen uit, ook al staan ze ongunstig ten opzichte van de sapstroom. De kerfsnede wordt in maart halvemaanvormig – boven het oog – aangebracht, ongeveer een halve centimeter diep. Hierdoor wordt op die plek in het hout de opgaande sapstroom van de wortels naar boven geblokkeerd. Het gevolg is een uitlopend oog met daaruit een naar verhouding lange scheut. Bij een leiboom kan op die manier een juist op die plek gewenste legger worden ontwikkeld.

Wil men echter op die – kale – plek een kort scheutje dat snel bloemknoppen zal vormen, dan wordt tegen eind april – maar nu onder het oog – een halvemaanvormig stukje bast, zonder hout, weggesneden. Zo raakt de neergaande sapstroom van de bladeren via de stam naar de wortels geblokkeerd. Die opeenhoping van assimilaten leidt tot aanleg van vruchthout.

De onderhoudssnoei

Zodra de kroon klaar is, dus na de opkweeksnoei, hoeft men alleen nog maar ervoor te zorgen dat de opgebouwde 'ideale kroon' gehandhaafd blijft. De boom is nu in volle produktie. De ontwikkeling van houttwijgen en van vruchthout moet in de komende jaren in evenwicht blijven. De vakman spreekt nu van 'vitaal evenwicht'. Deze ideale toestand doet zich voor als de boom rijkelijk nieuw hout vormt, regelmatige oogsten geeft en gelijktijdig nieuwe bloemknoppen voor het volgende jaar aanlegt. Wanneer dit nagestreefde evenwicht wordt verstoord, is ingrijpen nodig. Zo wordt overmatige vruchtbaarheid geremd door sterker te snoeien. Komen in de kroon te veel sterke langloten tot ontwikkeling dan wordt juist minder gesnoeid om het evenwicht weer te herstellen.

Hier zijn alle naar binnen groeiende twijgen verwijderd en de gesteltakken afgezet.

Terugzetten van takken

In het kader van de onderhoudssnoei kunnen ook enigszins te nauwe plantafstanden worden gecorrigeerd, zoals wanneer andere fruitbomen in het gedrang komen of dikke takken tegen het huis aan schuren. In zo'n geval wordt de te lange en dus storende gesteltak teruggezet op een lager geplaatste scheut, twijg of tak. Ditzelfde moet ook met de andere gesteltakken gebeuren, om zo het evenwicht in de kroon te handha-

Sterke, gezonde nieuwe groei is een bewijs voor de vitaliteit van een opengesnoeide boom.

Op de bovenkant van de gesteltakken kunnen uit de daar ontstane jonge twijgen veel te zware 'vlaggemasten' groeien, die de eigenlijke gesteltakken overvleugelen of onderdrukken. Die moeten al vanaf het begin worden opgeruimd, zoals alle loodrecht staande jonge twijgen moeten worden weggehaald. Daarentegen worden jonge scheuten die zich aan die gestel- en zijtakken horizontaal hebben ontwikkeld, gespaard. Ze dragen bij appel- en perebomen meestal na twee jaar al bloemknoppen en bij steenfruit bloeien ze vaak al in het jaar na hun ontstaan.

ven. De einden van de gesteltakken moeten zich na zo'n ingreep dus op ongeveer gelijke hoogte bevinden. Evenzo moet worden opgelet dat de zijtakken ondergeschikt blijven aan de gesteltakken. Ook die worden bij het afzetten van de gesteltakken ver teruggenomen, waarbij de onderaan zittende zijtakken langer worden gelaten dan de zijtakken die hoger zitten.

Door zo'n ingreep zal het totale boomvolume afnemen, zodat een sterke scheutgroei ontstaat. Zeker op de bovenkant van de gesteltakken komen steile of naar binnen groeiende eenjarige twijgen tot ontwikkeling. Zij worden veelal waterloten genoemd, hoewel strikt genomen deze naam enkel geldt voor binnen in de kroon ontstane geilgroeiende (lange slappe) langloten.

Voor en na de onderhoudssnoei. De gesteltak is op een lager geplaatste twijg afgezet. Naar binnen groeiende twijgen zijn weggesnoeid.

Het vernieuwen van vruchthout

Aan de inmiddels in volle produktie zijnde boomkroon zakken de vruchttakken onder de last van de vruchten door. Op deze hangende vruchttakken ontstaan bovenop volgens de desbetreffende wetmatigheid talrijke opwaarts gerichte twijgen. Als deze ongesnoeid blijven veranderen ze binnen twee jaar eveneens in vruchttakken en zullen ook gaan doorbuigen. Dit veroorzaakt schaduw op de onderliggende takken.
Om de kroon toch voldoende licht binnenin te verschaffen wordt bij de onderhoudssnoei daarom voortdurend aan vruchthoutverjonging gedaan. In eerste instantie wordt zo'n 'vruchthoutboog' afgezet op een gunstig geplaatste jonge twijg en alle andere worden weggeknipt. Liggen er echter meer van deze bogen over elkaar, bijvoorbeeld omdat in geen jaren onderhoudssnoei is toegepast, dan houden we de allerbovenste vruchtboog aan. Als deze ook al doorgebogen is wordt hij op een geschikte jonge scheut bij de bocht teruggesnoeid. Zo wordt regelmatig vruchthoutvernieuwing toegepast.
Voorts wordt bij rijkdragende bomen het langs stam en takken zittende korte vruchthout via een lichte snoei verjongd. Jonge twijgen die langs stam en takken zijn ontstaan en te dicht opeenstaan, worden helemaal weggesnoeid. De rest blijft ongemoeid, zij vormen nieuw vruchthout.

Goed verzorgde oudere fruitbomen, waaraan minstens om de twee jaar onderhoudssnoei wordt gedaan. Daarbij de ook op blz. 15 afgebeelde ladder, die naar behoefte kan worden verlengd om als aanlegladder te gebruiken.

Vruchthout langs stam en takken dat in de loop der jaren begint te verouderen, door lichte uitdunningssnoei verjongen! Hierdoor ontstaat nieuwe groei en een betere vruchtkwaliteit.

Zo wordt een doorgebogen vruchttak op een voor de bocht staande jonge twijg afgezet.

Dezelfde boom, na de snoei. Jonge scheuten die voldoende ver uit elkaar staan zijn behouden. Ze bloeien meestal na 2 jaar.

Het open snoeien van verwaarloosde bomen

In veel tuinen staan oudere bomen die in geen jaren zijn gesnoeid. Ook zijn er die elk jaar zijn behandeld, maar helemaal verkeerd, zodat succes uitbleef. Opknappen kan, maar een ideale boomkroon, zoals na het vakkundig opkweken en nabehandelen zou zijn ontstaan, zal het nooit worden. Wel kan door flink openmaken van zo'n kroon de vruchtkwaliteit nog verbeteren. Die onverzorgde bomen zijn namelijk vrijwel altijd veel te dicht en de takken binnenin zijn helemaal kaal, zonder vruchthout er langs. Daarbij veroorzaken de vele twijgen aan de buitenkant van zo'n boom een dermate dicht bladerdak dat 's zomers nauwelijks een lichtstraaltje kan binnendringen. Vanaf november kan al worden begonnen zulke bomen open te snoeien. Dit werk kan zeker tot in maart worden voortgezet. Het mag best koud zijn, maar liever niet veel kouder dan 5 graden onder nul.

Om te beginnen worden alle dode en zieke takken weggehaald, waaronder ook die met veel kankerplekken. Vervolgens worden de takken weggesnoeid die zo dicht op andere liggen dat die helemaal overschaduwd worden. Ook erg zwak gebleven hout en takken die over elkaar schuren, worden helemaal verwijderd. Vanzelfsprekend loont het slechts de moeite al dit werk te doen aan gezonde bomen die nog op een middelbare leeftijd zijn en niet al totaal afgeleefd. Anders kunnen ze beter maar

Voor het open snoeien of uitlichten was deze kroon veel te dicht. De dikke takken hebben geen vruchthout langszij.

Verkankerde, dorre en te dicht op elkaar liggende takken worden bij het uitlichten het allereerst weggezaagd.

worden gerooid of hooguit nog een paar jaar 'uitgemolken' en dan gerooid.
Dit opensnoeien, ook wel uitlichten genoemd, gaat het makkelijkst op de volgende manier: allereerst worden alle takken verwijderd waarvan vaststaat dat ze zonder meer weg moeten. Het beste is boven in de kroon te beginnen en dan regelmatig van de ladder af te komen om vanaf de grond op afstand het resultaat te bekijken. Nog beter is dit werk met zijn tweeën te doen. De ene staat in de kroon of op de ladder en zaagt terwijl de ander van afstand toekijkt en aanwijzigingen geeft. Natuurlijk moet deze persoon wel verstand hebben van het snoeien van fruitbomen. Anders sneuvelen de goede, in dit geval de verkeerde takken!
Oude, sterk verwaarloosde bomen moeten niet in één keer worden opgeknapt, anders ontstaan op de resterende takken alleen hele bossen met waterloten. Het beste is zo'n opknapbeurt uit te smeren over 2 à 3 winters, waarbij vanzelfsprekend eerst de meest storende delen worden verwijderd. Zo worden bij voorrang eerst te hoge takken teruggezet op lager staande: dit maakt het verder verzorgen al een stuk makkelijker. Het belangrijkste werktuig hierbij is een boomzaag met een verstelbaar blad en een stabiele ladder. De snoeischaar wordt daarentegen pas aan het eind van de opknapbeurt gebruikt, en wel bij het openmaken van het dichte 'struikgewas' aan de buitenkant van de kroon.
Wonden groter dan 3 centimeter, maar vooral de bijzonder grote zaagwonden waar hele dikke takken zijn weggehaald, worden na afloop ingesmeerd met een wondafdekmiddel. Tegenwoordig wordt het nut hiervan overigens in twijfel getrokken. Gezond hout zou van nature sneller dichtgroeien zonder insmeren. Tegenstanders van smeren zeggen dat onder de verflaag vocht blijft zitten, wat het inrotten van grote wonden juist zou bevorderen! Het dichtgroeien begint aan de randen van de wonden.
Aan het einde van de opknapbeurt moet de boom een stompe piramidale vorm hebben. Helemaal aan het eind, na die 2 tot 3 jaar, moet men er zijn hoed doorheen kunnen gooien! Zoals gezegd, een ideale kroon krijgt men niet meer, maar er is al veel bereikt als licht en lucht weer volop binnen kunnen dringen zodat de vruchten beter gekleurd en groter zullen worden, en ziekten en plagen veel minder problemen zullen opleveren. Niet onbelangrijk is dat het plukken makkelijker wordt.

De verjongingssnoei

Wanneer bij half- en hoogstam en bij struikvorm de vruchten te klein blijven omdat er nauwelijks nog sprake is van nieuwe scheutgroei, kunnen ze worden verjongd. Daarmee wordt een toenemende veroudering voorkomen. Alleen maar verjongen van vruchthout, wat bij groeikrachtige bomen bij de normale snoeihandelingen hoort, is bij bejaarde fruitbomen niet genoeg. Soms is een lichte verjongingskuur, door matig terugsnoeien van alle delen van de kroon, al voldoende. Meestal is echter sterker ingrijpen nodig en wordt de kroon ongeveer een derde tot een kwart teruggenomen. Dit houdt in dat alle gesteltakken, inclusief harttak en zijtakken, tot ver in het oude hout worden teruggesnoeid. Na zo'n verjongingskuur is de snoei zowel als de oogst een stuk gemakkelijker en veiliger. Bovendien groeit langs de oude takken weer nieuw vruchthout.

Eerst uitlichten, dan pas inkorten

Voordat u begint met het verjongen wordt de kroon open gesnoeid, zoals in het vorige hoofdstuk is beschreven, en daarna worden alle resterende takken 1 tot 3 meter ingekort. Het hele gestel wordt op lager staande takken fors teruggezet. Te beginnen met de zwakste gesteltak worden alle andere op dezelfde hoogte afgezet op een vruchttak. Vervolgens wordt langs die nu aanwezige 'verlengenissen' alle zijhout tot 50 centimeter van het eind glad weggeknipt, zodat uit slapende ogen sterke nieuwe

Veel te hoge en dichte appelhoogstam vóór het verjongen ...

scheuten ontstaan.
Op dezelfde manier worden zij- en vruchttakken 'geschoren' en tot in het oude hout teruggenomen, zij het dat die eerst ondergeschikt zijn gemaakt aan de gesteltakken. Daarbij moeten de laagstgeplaatste naar verhouding het langste zijn. De bovenste delen van de kroon worden het sterkst verjongd opdat ze het meest profijt trekken van deze verjonging.
Na het sterk terugsnoeien van de gestel- en zijtakken wordt de harttak teruggezet op een lager staande zijtak. Tevens wordt het in de boom aanwezige vruchthout fors uitgedund dan wel teruggezet, zodat ook daar nieuwe groei kan ontstaan. Na gedane arbeid moet de totale kroon er uitzien als een vlak puntdak. Daarom moeten de onderste takken langer zijn gebleven dan de bovenste.
Hoe eerder met deze verjongingssnoei wordt begonnen, hoe beter. Daarom kan al worden gestart bij het einde van de bladval, ongeveer eind november, om voor maart ermee klaar te zijn. Hoe vroeger wordt gesnoeid, des te sterker zal de nieuwe groei zijn! Bij steenfruit kan sterk terugsnoeien vaak leiden tot sterke gomvorming uit de wonden; om dit uitvloeien van hars tegen te gaan, is het daarom beter dat in de zomer, vlak na de oogst, te behandelen. Dit geldt voor kersen, pruimen en perziken. Kwetsen kunnen tegelijk met appels en peren worden verjongd. Bij zwak groeiende appel- en pererassen die op oudere leeftijd makkelijk te kleine vruchten gaan geven, zal zo'n verjongingskuur bijzonder duidelijk zichtbaar zijn, zeker bij een goede stikstofbemesting. Zulke rassen zijn bijvoorbeeld Yellow Transparente, Cox's of Sterappel bij appels. Bij peren kan worden gedacht aan de stoofperen Gieser Wildeman en Kleipeer of aan de handpeer Bonne Louise.

... en er na. De kroon is ongeveer 4 meter lager gemaakt en de sterke takken zijn zo aangepast dat er een vlakpiramidale vorm overblijft.

Nabehandeling van opengesnoeide en verjongde bomen

Met het uitlichten en verjongen is men er natuurlijk nog niet. Wil men bij half- en hoogstam evenals bij struikvorm langdurig succes hebben, dan is de nabehandeling van zeer groot belang. Want er zal met de talrijke nieuwe scheuten en waterloten wat moeten worden gedaan.

Waterloten

De bij het open maken en verjongen van een oudere boom ontstane jonge scheuten worden dikwijls waterloten genoemd. Ze ontwikkelen zich uit slapende ogen op het oude hout, die anders dan de aan de twijgen zittende knoppen niet zichtbaar zijn. Onder waterloten verstaat men dus groeikrachtige, sterk bebladerde jonge twijgen die uit oudere takken en de stam veelal in groten getale te voorschijn komen. Zij zitten boordevol met assimilaten, wat de voeding van de boom ten goede komt. Vaak vertonen ze een geile groei en zijn ze in eerste instantie onvruchtbaar.
Met behulp van zijn waterloten probeert de boom allereerst het verstoorde evenwicht tussen wortelgestel en kroonvolume te herstellen. Immers, terwijl door het uitlichten en verjongen veel hout is verdwenen, blijft het wortelstelsel in volle omvang intact. De opname van water en voedsel uit de grond blijft dan ook gelijk. Dat veroorzaakt een grote druk op de resterende houtige delen en daarmee het uitlopen van de talrijke, voordien onzichtbare, slapende ogen.

Nieuw vruchthout

Om een lichtdoorlatende kroon te krijgen moet uiterlijk de volgende winter als nabehandeling het merendeel van de waterloten worden weggesnoeid. Van de op de bovenkant der takken aanwezige, steil omhoog groeiende loten wordt ongeveer per 50 centimeter één aangehouden. De rest wordt weggeknipt. Het beste is hiermee te wachten tot de boom in het voorjaar begint uit te lopen: dit verzwakt de groeikracht van de boom en zal het aantal nieuwe sterkgroeiende waterloten verminderen. De overblijvende waterloten worden niet ingekort. Meestal vormen zij het tweede jaar bloemknoppen langszij en het jaar daarna kunnen uit die knoppen vruchten voortkomen.
Daarna worden de afgedragen twijgen verwijderd, glad, om plaats te maken voor nieuwe die zich ondertussen hebben ontwikkeld. Zouden die tot vruchtdracht gekomen voormalige waterloten meerdere jaren worden gehandhaafd, dan groeien ze uit tot zogenaamde masten boven op de dikke takken. Daardoor zou ongewenste schaduw op de onderste takken fors toenemen.
Schuin staande of horizontaal groeiende jonge scheuten, ontstaan langs takken en stam na het uitlichten en verjongen, kunnen dichter bijeenstaan. Ze ontwikkelen zich snel tot vruchthout.
Wie tijd noch moeite schuwt, kan al in de zomer na de forse winterse ingreep de te dicht opeenstaande waterloten uitdunnen en de rest in een schuine of vlakke stand uitbinden. Daarmee kunnen ze zich snel tot bruikbaar vruchthout ontwikkelen.
Er is nog een mogelijkheid uit waterloten vruchthout te maken: alle na het winterse uitdunnen overblijvende twijgen worden op 4 tot 6 ogen ingekort. Uit de bovenste knop van zo'n ingekorte twijg groeit in de loop van de voorzomer een nieuwe, sterke en steil omhoog groeiende houtscheut, terwijl heel vaak uit een daaronder zittend oog een schuin oplopend of zelfs vlak staand scheutje ontstaat. In de daarop volgende winter wordt tot op dit scheutje teruggeknipt. Hieruit groeit vervolgens vruchthout.

Vruchthout uit waterloten: eerst op 4 tot 6 ogen inkorten. In de winter daarna op een vlak staand scheutje terugzetten (onderste deel foto).

Naast zulk jong hout, dat vlug bloeit en vrucht draagt, zit in zo'n uitgelichte, verjongde boom ook nog vrij veel oud vruchthout. Als dit eveneens lichtjes verjongd wordt, door uitdunnen en inkorten, zal het bloemen en vruchten opleveren van wezenlijk betere kwaliteit dan daarvoor. Het nabehandelen is dan ook zeker zo belangrijk als het verjongen en open snoeien zelf. Zonder een vakkundige nabehandeling zou spoedig weer een veel te dichte kroon ontstaan.

Gezonde bomen reageren na het opensnoeien met sterke nieuwe scheutgroei uit stam en takken. Door een juiste snoei kan daaruit vruchthout worden gemaakt, zoals kortlotjes, tuiltjes en meerjarige vruchtsporen. Meestal duurt het twee jaar voor er weer bloemen zijn.

Knippen, zagen en wondbehandeling

Niet alleen is het belangrijk te weten welke twijgen er moeten worden ingeknipt of weggehaald, dan wel ongesnoeid mogen blijven. Minstens zo belangrijk is het om kennis te hebben van het omgaan met snoeischaar en zaag, zodat zo klein mogelijke wonden worden gemaakt die snel dicht kunnen groeien.

Snoeien met de schaar

De snoeischaar wordt voornamelijk gebruikt om jong hout in te korten of weg te snoeien. Ze dient om het vruchthout mee te verjongen en de wirwar aan hout aan de buitenkant van verwaarloosde bomen uit te dunnen.
Bij het opbouwen van een jonge kroon (inplant- en opkweeksnoei) komt het er op aan dat door het terugknippen van de gesteltakken precies die knop uitloopt die voor de verlengenis was bedoeld. Bij de gesteltakken is dat een buitenoog. Om dat te bereiken moet iets schuin omhoog en kort boven dit oog worden geknipt: bij een te lange wond door te schuin afknippen kan de knop uitdrogen. Deze loopt dan niet uit, maar wel de daaronder zittende. Omdat die echter tegenovergesteld staat, binnenwaarts, zal de nieuwe scheut voor de verlengenis verkeerd weggroeien: naar binnen in plaats van naar buiten. Wie de samenhangen kent en daar op let, kan dit weliswaar nadien corrigeren, maar een perfecte snoei had dit voorkomen.
Ook is het verkeerd om zo slordig te snoeien dat boven het oog een klik (een stukje

Massale groei van waterloten na een forse uitlichtingssnoei. Inzet: als zo wordt gezaagd, zal de tak niet uitscheuren.

tak of twijg) blijft staan. De snoeiwond zal indrogen en niet goed dichtgroeien.
Niet alleen het terugsnoeien van twijgen maar ook het helemaal wegknippen ervan moet worden geleerd. Bij vorkvormige vertakking, vergaffeling genoemd, moet er van onderaf worden geknipt als er verenkeld wordt. Werk niet zijdelings of van bovenaf met de schaar, want dan blijft er een klikje staan, of de voet van de scheut. Deze zit boordevol slapende ogen die massaal uitlopen en meestal onbruikbaar naar binnen gaan groeien. Verkeerd snoeien leidt ook gemakkelijk tot kneuzingen in de bast, die slecht genezen.
Aanvankelijk wordt bij de inplant- en opkweeksnoei het gestel ingekort en later worden die takken met afzetten op buitenwaarts groeiend hout gezet. Dit gebeurt vooral bij de onderhoudssnoei, maar ook bij het verjongen en uitlichten van oude boomkronen. Het leidt tot een betere openheid in de kroon, waardoor meer licht kan binnendringen. Bij de opkweeksnoei, tijdens de opbouw, worden regelmatig twijgen of takken gevonden die meer naar buiten groeien. Dan wordt eerst de eigenlijke gesteltakverlengenis teruggesnoeid op dit buitenwaarts groeiende takdeel. Er wordt dus eerst omgezet en pas daarna wordt de nieuw gekozen jonge eindscheut op een buitenoog gezet. Bij dit omzetten is het belangrijk dat we zorgvuldig met schaar en zaag omgaan. Het te verwijderen takdeel wordt vlak tegen de twijg of tak aan afgeknipt of gezaagd. De snoeiwond moet zo plat mogelijk zijn, anders ontstaan stompen of onnodig grote wonden die minder snel vergroeien. In veel gevallen worden grote wonden met een afdekmiddel ingesmeerd.

Zo wordt de schaar op de juiste manier ingezet (links). In de verdikking onder de verse snoeiwond bevinden zich slapende ogen, die in het voorjaar massaal uitlopen.

Altijd zo zagen dat de gemaakte wond zo klein mogelijk is. Bij insmeren zorgvuldig werken. Geen 'kapstokken', dus takstompen, laten staan.

Ook zagen moet worden geleerd

Bij het open maken van oude verwaarloosde bomen, bij het verjongen en omenten is de boomzaag het belangrijkste gereedschap. Zwakkere takken worden van boven naar onder doorgezaagd, terwijl één hand de tak vasthoudt en licht naar beneden drukt. Dit geeft wat spanning in het hout waardoor het zagen makkelijker gaat. Als u boven in een boom werkt is daarbij een goede en veilige stand nodig, zoals op een dikke tak of op een stevig staande ladder. Een mooie gladde wond krijgt men als vlak voor het moment van doorzagen extra snel wordt gezaagd. Dit voorkomt het uitscheuren van de tak.

Zwaardere takken van ongeveer 8 centimeter doorsnee en meer worden eerst aan de onderkant ingezaagd. Daarna wordt iets opzij van de ondersnede, van bovenaf, de tak doorgezaagd. Dit gebeurt niet vlak langs de stam of tak waarlangs wordt afgezaagd, maar iets ervandaan. Na het lossen van de tak wordt netjes glad en strak van boven naar beneden bijgezaagd. Heel belangrijk is het de wond daarbij zo klein mogelijk te maken. Er wordt op de 'takring' afgezaagd. Dat is de verdikte basis van de takken, waaruit de wond begint dicht te groeien. Zo verkeerd als het is te dicht bij de stam te zagen (overmatig grote wonden!), zo fout is het ook om dit zo veraf te doen dat er 'kapstokken' overblijven. Vaak groeien die niet goed dicht maar verdrogen enigszins.

De behandeling van snoeiwonden

Een belangrijk aspect bij het snoeien van fruitbomen is het veroorzaken van wonden aan stam en takken. Bij gezonde bomen groeien die op een natuurlijke manier snel en moeiteloos dicht, zeker als die wonden niet groter zijn dan een paar centimeter.
Bij oudere en verwaarloosde bomen is insmeren met een

Het behandelen van grote wonden: eerst glad bijsnijden met het snoeimes, dan de hele wond insmeren met een afdekmiddel.

De linker wond is een jaar geleden behandeld. De callusvorming en beginnende overgroeiing is vanuit de bastrand begonnen.

wondafdekmiddel, zeker als de wonden groot zijn, nuttig. Daarbij worden de randen van de wonden met een scherp snoeimes eerst goed bijgesneden en vervolgens wordt de hele wond ingesmeerd met een goed afdekmiddel als Lacbalsem of Topsinpasta. Het laatste bevat een antischimmelmiddel, belangrijk bij het tegengaan van infecties door wondparasieten, zoals het gevreesde bacterievuur en kanker bij peer en appel, of loodglans bij steenfruit. Beide middelen laten zich ook bij koel weer goed met een kwast uitsmeren.
Gezonde wonden gaan snel over tot het vormen van callus of wondweefsel. Dit begint vanuit de rand, waar op de scheiding van bast en hout de celdelingslaag of het cambium zit, dat zorgt voor de bij de groei noodzakelijke aanmaak van nieuw weefsel. Het behandelen van wonden is nodig voor alle fruitsoorten zodra daar grotere wonden bij ontstaan. Bij perzik en abrikoos moeten ook de kleine wondjes, zoals bij de inplant- en opkweeksnoei, worden ingesmeerd. Pas wanneer ze min of meer volwassen zijn kan ook worden volstaan met het insmeren van alleen grotere wonden.

Niet alleen bij de snoei is wondbehandeling nuttig. Andere beschadigingen, bijvoorbeeld door vorst, kanker, uitscheuren van een tak of vraat door dieren, moeten eveneens zo snel mogelijk worden behandeld en de daarbij ontstane wonden moeten worden bijgesneden en ingesmeerd. Bij kanker- en vorstwonden is het dikwijls niet mogelijk alleen de randen bij te snijden.

Kankerwonden moeten goed worden uitgesneden tot er aan de bastrand geen enkel bruin plekje meer te zien is, om heringroei van kanker te voorkomen. Bij vorstscheuren is wegsnijden van de losse plakken bast wel voldoende, tot het gezonde groengele hout weer aansluit bij de bastrand.

De spilvorm – de inplant- en opkweeksnoei

Spillen in een rij als erfafscheiding geplant geven privacy, maar ze sluiten niet zo dicht af als een heg. Bovendien bloeien ze even fraai als sierheesters en brengen ook nog eens veel fruit voort.

'Spillen' of 'spilvormige struiken' is een verzamelnaam voor kleine boomvormen. Ze worden niet hoger dan 2,5 meter, zodat alle noodzakelijke werkzaamheden, zoals de oogst en de snoei, vanaf de grond en zeer gemakkelijk kunnen worden uitgevoerd. Alleen een krukje of een huishoudtrapje is hierbij nodig.
Door het klein blijven van de kroon zijn plantafstanden van rond de twee meter tussen twee boompjes voldoende, dus op dezelfde ruimte die een hoog- of halfstam inneemt, kunnen 6 tot 8 spillen worden geplant. Dit is een ideaal systeem om in een kleine tuin meerdere soorten en rassen te planten. De geringe ruimtebehoefte kan slechts worden bereikt door spillen op de boomkwekerij op een zwak groeiende onderstam te enten. Enigszins afhankelijk van de grondsoort wordt hiervoor M 27, M 9, of iets sterker groeiend M 26 gebruikt. Bij peren past men veel Kweepeer als zwak groeiende onderstam toe. Daarop blijven perespillen echter vaak minder klein dan appels op M 27 of M 9.
Nog een voordeel is dat een spil dikwijls al vanaf het tweede jaar na planten vruchten geeft. Men kan al na enkele jaren van een verzorgde spil gemiddeld 150 of meer appels of peren oogsten. Dat is ongeveer 20 tot 40 kilo vruchten. Er is dan ook veel voor te zeggen om afhankelijk van de beschikbare ruimte slechts hier en daar een hoog- of halfstam te planten – waar dit door het ruimtelijke effect en op markante plekken aantrekkelijk is – maar voor de echte fruitproduktie overwegend of uitsluitend spillen te gebruiken. Spillen zijn ook zeer geschikt om in plaats van een dichte heg op een rij langs de grens met de buren te planten. Zo wordt een luchtige erfafscheiding gecombineerd met een oogst aan kwaliteitsfruit.
Spillen worden meestal niet zo oud als de op Zaailingonderstam geënte half- en hoogstamappel of -peer. Na zo'n 25 jaar is het wel gebeurd. Bovendien hebben ze levenslang een goede steun nodig, vanwege hun zwakke en breekbare wortelgestel.

Inplantsnoei bij een eenjarig boompje. De stamlengte moet ongeveer 50 centimeter zijn.

De snoei na het planten

Net als bij hoogstammen wordt dit vroeg in het voorjaar gedaan, ook als er al in de voorgaande herfst is geplant. Mogelijk is de jonge spil gekocht als eenjarige met zogenaamd te vroeg ontstane zijscheuten of veren. Dit zijn zijscheuten die in hetzelfde groeiseizoen ontstaan als de jonge stam waaruit ze groeien. Deze veren worden tot op een hoogte van 50 centimeter boven de grond totaal van de

Rijkdragende spil met losjes verspreid staande vruchttakken. Ras: Golden Delicious.

stam geknipt; dit heet opschonen.
Van de overblijvende scheuten worden de te steil staande en vervolgens de rest weggeknipt tot er nog 4 over zijn. Zij worden op 3 tot 5 ogen ingekort, de bovenste op 3, de lager geplaatste op 5 knoppen. De spil- of harttak wordt tot op 6 ogen boven de bovenste zijscheut teruggeknipt. Zo is al vanaf het begin sprake van een piramidale vorm met het uiterlijk van een kleine kerstboom. Na dit terugknippen is de boom meestal nog rond de 1,1 meter hoog.
Is de boom bij aankoop al tweejarig, wat meestal het geval is, dan worden eerst de concurrenttwijg en de onder de 50 centimeter zittende zijtwijgen weggeknipt. Daarna worden vier goed verdeeld zittende zijtwijgen bijna vlak uitgebonden, voor zover ze natuurlijk al niet vanzelf zo'n stand hebben en met een bijna rechte hoek staan ingeplant tegen de stam. Deze twijgen, lijkend op die waaruit de vruchttakken bij half- en hoogstam groeien, worden niet ingekort! Dit bevordert de vruchtbaarheid waardoor ze vroeger zullen dragen. De afstand tot het volgende boompje is bij dit systeem maximaal 1,5 tot 2 meter. Omdat dit type aldus behandeld slank blijft, is dat ook voldoende. Natuurlijk kunnen de eerste vier gesteltwijgen ook een licht oplopende stand krijgen, eventueel via binden, waarna ze met een derde tot de helft op een buitenoog worden ingekort. Dan ontwikkelt zich echter een veel forser gestel en zal de plantafstand zeker een meter meer moeten zijn.
Verder nog aanwezige sterke scheuten worden in beide gevallen helemaal verwijderd, omdat anders het kroontje later te dicht zal worden. Kortloten worden echter ongesnoeid aan de stam gelaten. De harttak wordt op zo'n 6 ogen boven de hoogste zijtwijg teruggesnoeid. Hierdoor lopen alle overblijvende knoppen zonder meer uit en ontstaan langs de harttak of spil veel zijscheuten en vruchthout. Ook aan de vlak gebogen of schuin staande twijgen ontwikkelt zich snel vruchthout. Dit leidt bij spillen ertoe dat ze al in het tweede jaar vruchten produceren.

De opkweeksnoei

In de volgende jaren moeten langs de stam meerdere nieuwe vruchttakken worden gekweekt, los verspreid en zo geplaatst dat er voldoende licht en ruimte tussen en onder zit. Bij het terugsnoeien van deze twijgen op een buitenoog wordt gestreefd naar een spitspiramidale kroon. Anders dan bij hoog- en halfstammen, waar de kroon uit harttak, gestel- en zijtakken bestaat, met daaraan het vruchtdragende hout, is een spil alleen een stam met meerdere vruchttakken. Per meter stamlengte zijn dat er ongeveer zes, waaraan zich kort vruchthout ontwikkelt. Naast een verdere opbouw van de kleine spillekroon richt de snoei zich in de volgende jaren voornamelijk op verjonging. Doorgezakte en afgedragen vruchttakdelen worden daartoe op een jonger stuk zijhout teruggenomen, net voor het hoogste punt van de bocht. Ook wordt vruchthout dat ouder is dan 3 jaar verwijderd, omdat anders de spil zich volkomen zou uitputten door dracht. Bij appelrassen die veel bloeien op het eenjarige hout, wordt het vruchthout al na 2 jaar gewisseld.

Vanaf het vijfde, zesde jaar worden vruchttakken op gunstig geplaatste jonge twijgen omgezet, dan wel worden de einden van de vruchttakken iets ingekort. Daarmee wordt nieuwe groei opgewekt en een snelle, uitputtende dracht voorkomen. Na de snoei moet de spil er weer uitzien als een spitse piramide, dus moeten de onderste vruchttakken langer worden gelaten dan de bovenste. Daardoor ziet het

Dezelfde Golden Deliciousboom als op de vorige pagina, voor en na een lichte verjongingssnoei. Hij is alleen in de hoogte teruggezet, opdat hij onderin vitaal blijft. De leeftijd van de boom is ongeveer 20 jaar.

boompje er niet alleen leuk uit, maar krijgen ook alle delen goed licht. Laat men echter de bovenste vruchttakken het langste worden, dan zullen de onderste veroordeeld zijn tot een bestaan in de schaduw. Ze worden steeds meer beconcurreerd door de bovenste, die ook nog eens het meeste van de sapstroom profiteren. Zo verkommeren de onderste geheel.
Naast de wintersnoei is bij spillen ook zomersnoei gewenst; zie hiervoor blz. 24. Zomersnoei wordt vanaf het planten tot aan het rooien toegepast, al naar behoefte.

Verjongen

Na een reeks van oogstjaren wordt verjongen noodzakelijk. Zodra de nieuwe scheutgroei slechts scheutjes van een paar centimeter oplevert, moet de harttak minstens een halve meter worden teruggezet. Gelijktijdig worden alle vruchttakken tot ver in het oude hout teruggesnoeid. Ze worden afgezet op dichter bij de stam zittende twijgen en tevens wordt het vruchthout uitgedund.

De haagvorm langs draden

In plaats van een rij spillen kan als erfafscheiding ook een vlakke haag van fruitbomen worden opgekweekt. Bescherming van privacy is zo fraai te combineren met de teelt van fruit. Bovendien is weinig ruimte nodig, omdat de takken ervan slechts twee kanten uit mogen, naar een linker- en een rechtervleugel. Deze boomvorm is daarmee bijzonder geschikt voor smalle tuinen, zoals bij rijtjeshuizen.

Een ander voordeel is dat de vruchten erg veel zonlicht kunnen krijgen, waardoor ze vaak een heel mooie kleur krijgen. Ik moet er echter bij zeggen dat spillen mij het beste bevallen, en wel om optische redenen. Zij zien er uit als echte, maar kleine bomen, terwijl een haag overkomt als een groene muur. Tijdens de bloeitijd is dat weliswaar rozewit en in de nazomer is het behang aan vruchten een ware show, maar het blijft een plat vlak. Wie een ruime tuin bezit, moet dit overwegen alvorens een fruithaag te planten.
Zo'n vrije haagvorm is gemakkelijker op te kweken dan een vormspalier of palmet. Deze zijn onderworpen aan strenge snoeiregels. Vrije haagbomen worden evenals spillen geplant als een- of tweejarige. Geschikt voor een haag is de zwakke appelonderstam M 9; beter geen M 27, die is te zwak. Ook geschikt zijn de sterker groeiende M 26 en M 106. In dit laatste geval moet de plantafstand ongeveer 2,5 meter ruimer worden genomen. De plantafstand in een haag hangt sterk af van de verwachte groei: tussen de 3 meter voor zwakke en de 5,5 meter voor sterke onderstammen.
De snoei is eenvoudig. De sterkste scheuten mogen zich maar naar twee kanten ontwikkelen, tot twee vleugels waarvan de takken vlak langs een ondersteuning van palen en draden worden gebonden, met de draden zo'n 50 centimeter boven elkaar. Deze zijtakken worden onder een stompe, licht oplopende hoek uit de stam opgekweekt, maar uiteindelijk meer vlak dan oplopend. Al bij het planten worden de twee meest geschikte, even sterke scheuten naar

Een fruitboomhaag vraagt weinig ruimte. De vruchttakken worden alleen naar links en rechts opgebouwd.

weerszijden langs de onderste draad gebonden. De harttak wordt ongeveer 50 centimeter daarboven op een knop ingekort. Zoals gezegd, deze 'leggertakken' worden in het begin oplopend gekweekt, anders worden ze beconcurreerd in hun groei door de harttak. Pas in de loop van de zomer worden ze vlakker gebonden, als men althans een haag met vlakke lange leggers wil. Belangrijk is dat de verlengenissen uit de eindknoppen van deze leggers gedurende de zomer altijd schuin omhoog kunnen groeien. Daardoor kunnen ze zich goed sterk ontwikkelen. Eventueel kunnen ze daar toe worden gedwongen door ze in die richting te leiden. Pas als ze later vèrgaand zijn verhout, dus in de herfst, worden ze plat op de draad gebonden. Dit blijft zich herhalen tot de haag is volgroeid.

Na de inplantsnoei loopt het bovenste oog uit met een forse scheut en ook uit de dicht daaronder zittende ogen ontstaan scheuten. Daarvan worden de twee meest geschikte links en rechts uitgebogen langs de volgende draad. In het komende voorjaar wordt de harttak weer op 50 centimeter boven de tweede leggerlaag teruggeknipt, zodat weer een volgende laag leggers kan ontstaan. Zo wordt een vrij groeiende haag opgebouwd, waaruit alleen de zeer steil groeiende en te dicht opeenstaande twijgen helemaal worden verwijderd. Schuin staande, uit de stam komende scheuten worden tussen de leggers gedurende de zomer helemaal plat gebonden. Ze worden niet ingeknipt, evenals de scheuten die uit zichzelf vlak staan en die welke enigszins parallel aan de draden groeien. Dit wordt allemaal vruchthout. Verder moet goed worden opgelet tijdens de opbouw van de haag dat de lager liggende etage steeds iets langer is dan die welke daarboven groeit. De haag moet niet veel hoger worden dan 2,5 meter. Een kleine tuin lijkt groter als de haag lager blijft, zeg maar hooguit 2 meter (zwak groeiende onderstammen!). Zodra de gewenste hoogte is bereikt, wordt de harttak plat langs de bovenste draad gebonden.

Als dit geen succesnummer is! Een voorbeeldig opgebouwde appelboom als haagvorm. Ras: Alkmene.

De leiboom – vrije opkweekmethode

Fruitbomen langs muren kunnen worden opgekweekt als los opgebouwde leiboom, als natuurlijke waaiervorm of als strenge vormleiboom. De beide eerstgenoemde vormen vragen weinig specifieke kennis, omdat de opbouw eenvoudig is. Het vruchthout is in elk geval wat ongelijkmatig verdeeld en staat ook wat verder van de muur vandaan dan bij een strenge leivorm.
Voor een groot muuroppervlak is een los opgebouwde leiboom of een waaiervorm bijzonder geschikt, zeker als de onderstam de groeikrachtige Zaailing is. Zelfs onder minder gunstige klimatologische omstandigheden zijn natuurlijke, lossere leiboomvormen vruchtbaarder dan de streng gereglementeerde vormen met klassieke vruchthoutsnoei – vooropgesteld dat voor geschikte rassen en de bijbehorende snoei is gekozen.

De los opgebouwde leiboom

Hiervoor wordt hetzelfde plantmateriaal gebruikt als voor de spillenteelt, dus een een- of tweejarige veredeling, op zwak groeiende onderstam bij kleine vlakken zoals muren van garages en schuurtjes. Tegen grote muurvlakken kunnen vanzelfsprekend beter bomen op sterke onderstammen worden geplant. In zo'n geval moet een boom worden gekocht die geënt is op Appel- of Perezaailing.
Na het planten worden de beide onderste zijtakken links en rechts licht omhoog gebonden aan de steundraden. Ze worden met ongeveer een derde ingekort op een naar voren staande knop. De harttak wordt op 50 centimeter daarboven ingeknipt.
Daardoor groeit dit middendeel flink door en ontstaan er onder de knip meerdere scheuten. De twee meest geschikte daarvan worden weer links en rechts aan de volgende steundraad gebonden. Het volgende voorjaar herhaalt zich dat, zodat een volgende etage kan worden uitgebonden.
Zo ontwikkelt zich een leiboom, los van opbouw, waarvan alleen de aan stam en tak-

Vrij opgekweekte pereleiboom. Takken zijn schuin omhoog geleid en aan haken bevestigd. Ras: Clapp's Favourite.

Ook deze pereleiboom werd vrij en losjes opgekweekt. Een netwerk van steundraden is niet gebruikt. De takken zijn vastgemaakt aan stevige muurhaken.

ken ontstane steile scheuten worden verwijderd. De te dicht opeenstaande scheuten worden uitgedund.
Let erop dat de onderste leggers dus altijd langer zijn dan de daarboven zittende etage! De leiboom die zo ontstaat lijkt op het oog op de streng gevormde. Het grote verschil is echter dat er veel minder arbeid in zit, zoals bij de natuurlijke waaierleiboom.

De natuurlijke waaiervorm

Vooral in de winter ziet deze er schilderachtig uit. Hij is vooral geschikt voor perzik, abrikoos en zure kers. Na het planten wordt de harttak niet loodrecht vastgebonden en ingekort, maar licht omhoog lopend vastgezet. Dit ombuigen remt de groeikracht af en bevordert het ontwikkelen van vruchthout. Sterke loodrecht staande houttwijgen die op de bocht ontstaan, moet u niet inkorten, maar naar links en rechts boogvormig uitbuigen en aan het steunmateriaal vastzetten. Knip het teveel aan sterk groeiende twijgen kort op de basis weg. Niet inkorten, want dan ontstaan er zoveel houttwijgen dat het op een stalbezem gaat lijken! Die houtproduktie gaat ten koste van de vruchtbaarheid. Bij een natuurlijke waaierleiboom wordt enkel ingekort als de onderste ogen van de boogvormig gebonden twijgen niet uitlopen. Daardoor ontwikkelt zich onvoldoende vrucht hout. Scheuten kunnen het beste in juli/augustus worden plat gebonden, dan wel boogvormig worden bevestigd. Ze zijn dan nog zacht en buigzaam.

De peer is bijzonder geschikt als leiboom tegen een muur en de appel daarentegen maar zelden. Aan te bevelen onderstammen voor een pereleiboom: Perezaailing voor grote, Kwee voor kleinere muurvlakken als garages en schuurtjes.

De leiboom – klassieke vruchthoutsnoei

Het wordt hier en daar weer mode om fraai, maar streng gevormsnoeide leibomen langs muren of stellages op te kweken. Ze vragen veel werk, maar waar velen over ruim voldoende vrije tijd beschikken, hebben sommige tuinliefhebbers er plezier in om de daarvoor vereiste klassieke vruchthoutsnoei te leren. Het is vooral een geschikte boomvorm om langs huismuren op te bouwen: huis en tuin krijgen met het gelijkmatig gevormde patroon van frametakken een persoonlijk kenmerk. Pererassen die van nature gemakkelijk kort vruchthout vormen, zijn het meest geschikt voor klassiek gevormde leibomen. Dit geldt ook voor appels, zij het dat die beter vrij in de tuin kunnen staan aan steunleidingen. Tegen een huismuur is het voor de appel meestal te droog en te heet; de groei blijft dan te veel steken en de warmte veroorzaakt ook makkelijk meer aantasting door plaaginsekten. Wie toch per se een appel als streng gevormde leiboom tegen een muur wil, zou dit kunnen proberen met het vroeg rijpende, helderrood kleurende ras Discovery. Dit ras heeft weinig last van schurft, maar is wel gevoelig voor vruchtboomkanker en zonnebrand op de vruchten. Zet hem dus niet in de volle zon.

Deze ongelooflijk nauwkeurig opgekweekte klassieke leiboom heeft iets van een modernistische peregravure. Het vruchthout begint er uit te zien als hertegeweien en moet nodig worden verjongd.

De wintersnoei

De inplantsnoei gebeurt net als bij een vrij opgekweekte leiboom of een waaier. De uit deze sterke inknipsnoei in de loop van de zomer ontstane nieuwe scheuten worden in de winter sterk teruggesnoeid, dat wil zeggen, die welke bestemd zijn voor de verlengenis van stam en leggers. Ze worden zo ver teruggeknipt dat alle ogen uitlopen, om gelijkmatig verdeeld staand vruchthout te vormen.
Hoe sterk teruggesnoeid moet worden, is niet precies te zeggen. Dit hangt van allerlei factoren af, zoals het ras, de onderstam, de grondsoort en de voedingstoestand van de grond.
Pas de tweede winter na het planten kan worden vastgesteld hoe sterk het geweest had moeten zijn. Zijn niet alle knoppen uitgelopen, dan dreigt het onderste hout te kaal te blijven. Er moet dan dieper teruggesnoeid worden. Zijn alle ogen wel uitgekomen, sommige mogelijk zelfs te sterk, dan moet minder sterk worden teruggeknipt.

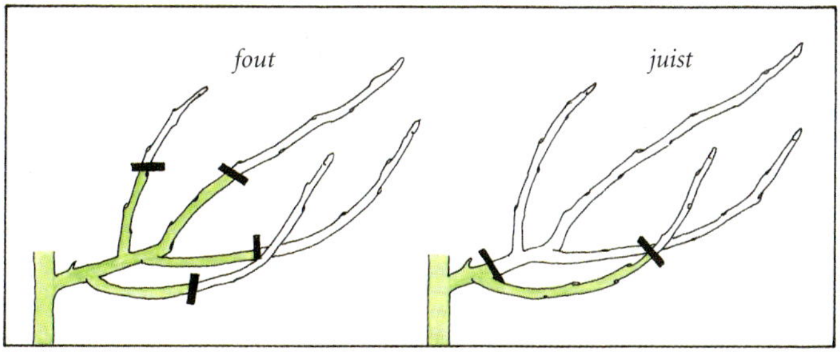

Een droom in roze-wit! Wie zou niet graag een wandeling maken in zo'n pergola met ontelbare appelbloesems? Ook een amateur kan zoiets tot stand brengen als hij de klassieke vruchthoutsnoei meester is. Plant voor zo'n pergola uitsluitend appel- of perebomen met zwakke onderstammen.

Bij het terugsnoeien in de winter wordt zo mogelijk gebruik gemaakt van een naar voren staande knop. Is er sprake van meerarmige vormbomen, dan wordt zo gesnoeid dat alle armen even lang zijn.
Dan komt het. Opdat alle onderste ogen van de verlengenissen zullen uitbotten, vooral aan de recht- of schuin opstaande leggertakken, worden ze gekerfd. Met het snoeimes of een ander scherp mes worden boven de knoppen halvemaanvormige kerven aangebracht, tot net even in het

Deze pereleiboom van het ras Bonne Louise produceerde dat jaar een rijke oogst van 703 heerlijk smakende peren.

Lombarts Calville als muurleiboom. Het tweede jaar na het planten al 34 appels.

Door de jonge groene scheuten te toppen, ontstaat kort, goed belicht vruchthout.

hout. Met de wintersnoei kan beter worden gewacht tot na de grootste koude, zeg maar einde februari, om invriezen te voorkomen van de voor de verlengenis van de leggers benodigde eindknoppen.
Zodra deze verlengenissen in het voorjaar een scheutlengte hebben van 20 centimeter worden ze tegen het steunmateriaal gebonden. Groeien gelijkwaardige gesteltakken ongelijk van sterkte, dan wordt de sterkste verlengenis getopt. Dit bevoordeelt de zwakkere in de groei. Bij leibomen met vlakke leggers moet er op worden gelet dat de onderste leggers altijd langer zijn dan die erboven. Want ook hier geldt: hoe hoger twijgen zich aan de boom bevinden, des te meer worden ze bevoordeeld in de groei. Dat komt omdat de sapstroom vanuit de wortels omhoog stijgt.

De zomersnoei

Niet alleen vruchthout vormt zich langs de eenjarige takverlengenissen, maar ook talrijke houtscheuten. Deze moeten tot kort vruchthout worden omgevormd, anders lukt het niet zo'n streng gevormde leiboom op te bouwen. Daartoe worden de jonge, nog groeiende scheutjes getopt zodra ze ongeveer 20 centimeter lang zijn. De nog zachte scheuttopjes worden met de vingernagels tot op vier goed ontwikkelde bladeren eruit geknepen, niet vlak tegen het blad aan, maar iets erboven.
Op zo'n eerste topbeurt reageert de boom meestal met hernieuwde sterke scheutgroei uit de bovenste drie ogen. Is alleen uit een bovenste oog zo'n nieuwe scheut ontstaan, dan wordt die nu op twee bladeren teruggeknepen zodra hij 20 centimeter lang is.
Het kan zijn dat er meer knop-

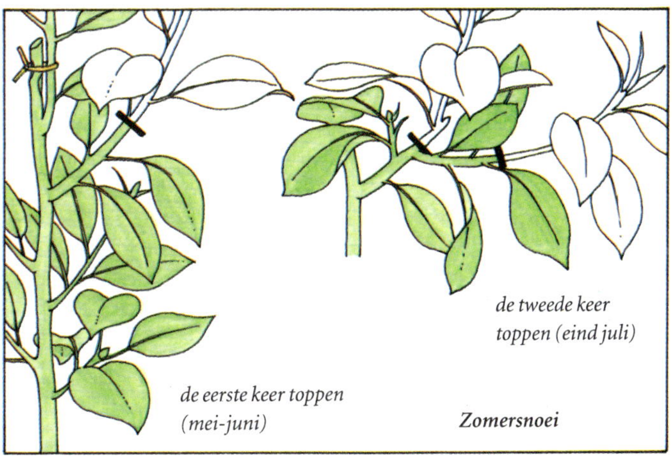

Zomersnoei

pen uitlopen na de eerste keer toppen. Dan wordt van de twee of drie houtscheuten steeds de onderste aangehouden. Ook die wordt tot op twee bladeren genepen. De andere, overbodige worden helemaal weggeknipt. Alle drie aanhouden zou het vruchthout te dicht maken.
Houtscheuten die in de vroege zomer uit meerjarig vruchthout groeien, worden sterker ingekort. Het is voldoende om tijdens de tweede keer toppen dit tot op één enkel blad, het onderste, te doen. Dit gebeurt omdat anders het vruchthout te lang zou worden, wat de streng klassieke vorm zou verstoren.
Vertoont een zwakke scheut geen hergroei na de eerste keer toppen, dan moet hij onaangeroerd blijven bij de tweede ronde. Heel vaak ontstaat aan de top dan een bloemknop, maar in elk geval blijft hij kort genoeg.
Belangrijk is dat de scheuten niet langer zijn dan hoogstens 25 centimeter en in elk geval mogen ze nog niet verhout zijn. Zijn ze al uit de kruidachtige zachte fase, dan lukt de ombouw tot kort vruchthout niet.
Waterlotachtige scheuten, groeiend boven op de vlakke of schuin groeiende leggerstukken, worden snel na hun ontstaan tot op de basis weggeknipt. Het lukt maar zelden ze om te bouwen tot vruchthout. Na het op deze manier verwijderen willen uit de in de voet aanwezige slapende ogen nog wel eens meerdere zwakke scheuten ontstaan. Die staan ook veel meer zijwaarts gericht. Hieruit laat zich wel op de boven beschreven wijze kort vruchthout kweken.
Wordt ook de zomersnoei op de juiste manier uitgevoerd, dan valt in de komende winter weinig meer te doen. Het korte vruchthout blijft onaangetast.
Is er buiten verwachting toch veel waterlot uit het vruchthout ontstaan, dan worden deze houtscheuten helemaal weggeknipt. Alleen de onderste op de vruchtzetel blijft. Die wordt – in de winter – tot op 2 knoppen ingekort.

Het is onnodig zich zorgen te maken over vochtige muren of een spinnenplaag door leibomen. Tegen ons huis (in Zuid-Duitsland) groeien al tientallen jaren 2 wijndruiven en 7 lei-fruitbomen (peer, zure kers en appel) zonder dat er sprake is van problemen. Zelfs erg schurftgevoelige rassen blijven vrij van aantasting – en dat zonder te spuiten – als ze tegen een zuidmuur staan geplant. Perenteelt is ook nog mogelijk in een minder ideaal klimaat, omdat de warmte-uitstraling van de muur zorgt voor een gunstig microklimaat.

Leibomen betrekken het huis bij de tuin en geven er een persoonlijke noot aan. Deze 60 jaar oude pereleiboom moest 20 jaar geleden kniehoog worden afgezaagd vanwege een verbouwing. Uit het overblijvende stuk stam heeft zich in eerste instantie een sterk groeiende houttwijg ontwikkeld. Deze is ondertussen uitgegroeid tot een stam met los verdeelde leggertakken.

'Hertegeweien' in oudere leifruitbomen

Heel vaak ziet men dat in oudere leibomen het vruchthout te dicht bijeen zit. Het beste is het dan met een boom- of takkenschaar er stukken tussenuit te knippen, omdat de bladeren elkaar anders onderling overschaduwen, wat slecht is voor de knopaanleg. Hetzelfde geldt als door verkeerd snoeien het vruchthout te lang geworden is, zodat het hinderlijk ver van de muur of steunleidingen uitsteekt. Zulke 'hertegeweien' moeten worden verjongd door ze fors terug te snoeien. Het overblijvende deel mag niet meer dan 15 tot 20 centimeter lengte hebben, gerekend vanaf de leggertakken. Ongeacht of die vlak staan, dan wel loodrecht of schuin.
Na zo'n verjongingsbeurt wordt het 'grafische beeld' op de achterliggende muur weer heel duidelijk zichtbaar, maar ook krijgen de bladeren en de vruchten weer volop licht en lucht.

De snoei na het planten en de opkweeksnoei

Waar in dit boek wordt gesproken over 'kwets' of 'pruim' geldt het besprokene tevens voor mirabellen en Reine Claudes. De snoei is voor alle hetzelfde.
Afhankelijk van de bedoelde plantplaats worden deze vier pruimesoorten gekocht als laag- of als halfstam. Wil men bijvoorbeeld de composthoop met een kwets enigszins in de schaduw zetten, dan verdient een halfstam de voorkeur. Hetzelfde geldt voor een 'huisboom' dicht bij het terras. De laagstam is echter gemakkelijker om te oogsten.

De inplantsnoei

In principe is deze hetzelfde als bij appel en peer. Omdat een kwets zich echter niet tot zo'n omvangrijke boom ontwikkelt wordt hij meestal met 4 in plaats van met 3 gesteltakken opgebouwd. Ze moeten dan zoveel mogelijk verdeeld rond de stam in alle richtingen groeien. Bovendien moet er op worden gelet dat deze gesteltakken niet bij een enkel punt uit de stam komen. Ze staan dan van het begin af slecht verankerd in de stam ingeplant en zullen later erg gemakkelijk uitscheuren. Heel vaak staan de twijgen, die bij de inplantsnoei als toekomstige gesteltakken worden gezien, erg steil. Ze moeten dan zonder meer al worden uitgezet, zodat de kroon van meet af aan in de breedte groeit en er binnenin voldoende licht kan komen. Net als bij appel en peer worden concurrenttwijgen verwijderd, evenals overtollige, steil staande twijgen, die niet nodig zijn bij de kroonopbouw. Zwakke twijgen moeten blijven zitten. Voor zover die al niet van zichzelf een vlakke stand hebben, worden ze dan daar in gebogen. Zie hiervoor bij 'Appel en peer'.
Afwijkend is wel het terugknippen van de toekomstige harttak en gesteltakken: die worden bij steenfruitsoorten veel sterker ingekort, zo ver dat amper een vijfde tot een kwart van de oorspronkelijke lengte overblijft. Men hoeft niet bang te zijn dat ze op die manier wegkwijnen. Integendeel, ze zullen uit buiten-

De inplantsnoei. Slechts 3 tot 4 goed verdeeld staande sterke twijgen als toekomstige gesteltakken laten staan en sterk terugsnoeien. Enkel zo ontwikkelt zich een krachtige nieuwe scheutgroei.

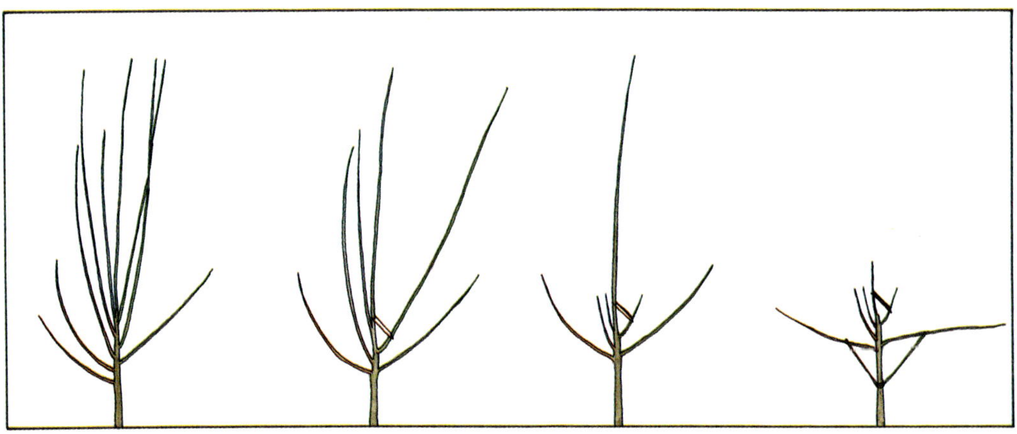

Bij de opkweeksnoei alle concurrent- (afbeelding) en naar binnen groeiende twijgen weghalen. Toekomstige gesteltakken en harttak inkorten.

waarts gerichte knoppen een krachtige nieuwe groei ontwikkelen van anderhalve meter of langer.
Regelmatig komt het voor dat de eigenlijke harttak zwakker groeit dan de eronder uit een concurrent-oog groeiende scheut. In zo'n geval wordt die zwakke harttak al in de zomer teruggeknipt op een klik van 10 centimeter hoog. De sterkere concurrenttwijg wordt dan daaraan vastgebonden op zo'n manier dat hij loodrecht groeit en de plaats van de harttak inneemt. (Zie ook de foto rechtsonder.) Die klik wordt in de komende winter netjes weggesnoeid. Ondertussen groeit de nieuwe harttak steil omhoog.

Opkweeksnoei

Een jaar na de inplantsnoei wordt met de opkweeksnoei begonnen en deze wordt voortgezet tot de kroon volgroeid is. Vanaf nu worden de verlengenissen van de gesteltakken en de stam niet meer zo sterk ingenomen als na het planten. Afhankelijk van de groeikracht is het meestal genoeg deze twijgen met een derde tot de helft terug te knippen, altijd op een buitenwaarts gerichte knop, zodat de kroon vanzelf open groeit.
Zou men doorgaan met dezelfde sterke snoei als na het planten, dan zouden er te veel sterk groeiende scheuten uit komen, die weer weggehaald moeten worden.
U heeft de groeikracht goed geschat als slechts de bovenste ogen fors uitlopen en uit die daaronder merendeels zwakke en korte eenjarige langloten komen. Deze zijn bij kwetsen en pruimen niet alleen met blad- maar ook met bloemknoppen bezet.
Vervolgens wordt de kroon opgebouwd als bij appel en peer, dus met stamverlengenis, gesteltakken, zijtakken, enzovoort.
Voor zover de gesteltakken te steil staan, worden ze met behulp van mikken uitgezet, dan wel worden ze afgezet op meer buitenwaarts groeiende scheuten of twijgen. Ook bij kwetsen en pruimen moet de kroon een piramidale vorm hebben.

Nieuwe stamverlengenis (harttak) aan een klik gebonden.

Onderhoudssnoei

Is de kroon via de opkweeksnoei opgebouwd, dan komt het er op aan deze ook in de volgende jaren open te houden. Menig tuinbezitter denkt weliswaar dat kwetsen en pruimen hoegenaamd niet gesnoeid hoeven te worden, maar wie goed oplet zal snel tot de conclusie komen dat ook hierbij het werken met zaag en schaar de moeite loont: de vruchten worden dikker, de kleur beter en de oogsten regelmatiger. Bij bomen die langdurig aan hun lot worden overgelaten en daardoor zeer dicht worden, ontstaat vrij gemakkelijk beurtjarigheid. Het ene jaar zitten ze mudvol, het andere jaar dragen ze vrijwel geen vruchten. Daarom loont het een goed opgebouwde kroon met een regelmatig terugkerende snoei in goede conditie te houden. Op zijn minst om de twee jaar moet tijdens de wintermaanden worden gekeken of boven op de takken of langs de stam geen steil groeiende sterk ontwikkelde twijgen zijn gegroeid. Deze moeten dan voor het behoud van een goede belichting in de kroon helemaal worden verwijderd.

De kroonopbouw van deze kwets is bijna klaar. In de volgende jaren worden de verlengenissen van de gesteltakken niet meer ingekort, maar op lager geplaatste twijgen of takken omgezet.

Het inkorten van zulke twijgen tot op enkele knoppen heeft weinig zin. De hoop dat daaruit zwakke, overwegend vlak groeiende vruchttwijgen zullen ontstaan, zal ijdel blijken. Meestal komen uit zulke klikken weer sterk omhoogschietende scheuten en op de ruggen van de dikke takken ontstaan zogenaamde bezems, die de lichtinval nog veel meer hinderen dan de voordien aanwezige onvertakte twijgen. Verder worden de takverlengenissen ontdaan van de altijd weer verschijnende concurrenttwijgen. Is onder een verlengenis een naar buiten groeiende scheut of twijg gegroeid, dan wordt daar op afgezet. Hiermee wordt de kroon extra van binnen belicht.

Bij te hoog wordende kronen wordt de harttak afgezet op een lager geplaatste zijtak, zodat bovenin een holle kroon ontstaat. Verder geldt voor de onderhoudssnoei wat al bij appel en peer is vermeld.

Als de kroon opgebouwd is valt er verder niet veel meer te snoeien. De verlengenissen van stam, gestel- en zijtakken worden nu niet meer ingekort. Wel worden later steeds alle twijgen die de lichtinval belemmeren op tijd weggehaald.

Het open snoeien van verwaarloosde bomen

In talrijke kleine huis- en volkstuinen ziet men verwaarloosde bomen, met zeer dichte kronen, van kwetsen, pruimen, mirabellen en Reine Claudes. Door ze open te snoeien wordt weliswaar geen ideale kroon meer verkregen, maar wordt wel de lichtinval naar binnen toe wezenlijk verbeterd.
Net als bij het opensnoeien van appelbomen (zie aldaar) wordt eerst het dode hout helemaal weggehaald. Dan volgen de takken die te dicht op elkaar liggen of over elkaar schuren. Hiervan wordt er steeds één weggezaagd. Om te voorkomen dat in de eerstvolgende zomer bergen met nieuwe scheuten ontstaan, wordt

Zo hoort het: een te steil groeiende gesteltak op een naar buiten groeiende lager geplaatste tak afzetten. Door vlak te zagen een zo klein mogelijke wond maken en eventueel deze insmeren met een afdekmiddel.

lit open snoeien uitgesmeerd ver 2 tot 3 jaar.
Om te beginnen worden de neest storende takken wegge-zaagd, de dichtst opeenstaan-le dus. De volgende jaren vordt dit voortgezet tot er ge-noeg licht in het binnenste van le kroon valt.
Zijn in het bovenste deel ster-ke, maar ook zwakkere takken of twijgen aanwezig die bui-tenwaarts groeien, dan wordt laar op afgezet. Hetzelfde ge-beurt bij de harttak van hoge kronen: zij worden op een la-ger geplaatste tak omgezet, zo-lat bovenaan een holle kroon vordt gevormd.
Gelijktijdig wordt het overja-ige vruchthout met de schaar uitgedund. Het mag echter nooit helemaal worden weg-gehaald, want veel steenfruit-soorten zijn gevoelig voor sterke zonbestraling op de dikke takken. Stam en dikke takken moeten daarom goed met vruchthout bekleed zijn. Zo'n belichtingssnoei heeft vaak sterke nieuwe scheut-groei tot gevolg. Zeker op de ruggen van de overblijvende takken en langs de stam ont-staan talrijke forse houttwij-gen ('waterloten'). Ze worden in de zomer, of op zijn laatst in de volgende winter, kort bij hun basis weggehaald. Alleen zwakke, licht omhoog of bijna vlak staande scheuten worden gehandhaafd. Dit werk wordt de komende jaren voortgezet, tot de takken rijkelijk met jong vruchthout zijn bekleed.

***Foto's links:** Hier werd een forse steil staande tak verwijderd. Die ene in-greep alleen al zorgde voor veel extra zonlicht binnen in de kroon.*
***Onder:** Een ideaal opgebouwde kwetseboom, alleen hadden de ge-steltakken onder bij de stam iets ver-der uit elkaar mogen staan.*

Net als bij de oude appelboom op blz. 22 werd op deze pruimeboom de 'stompensnoei' toegepast. Het grote verschil zit hierin dat de appelboom werd gesnoeid door een tuinliefhebster die geen scheut wilde missen. Ze kortte elke twijg in om te genieten van de vele nieuwe scheuten die daarop volgden. Deze pruimeboom is echter door een 'hoveniersbedrijf' gedaan, dat adverteerde met 'het snoeien van fruitbomen' en bovendien nog een rekening durfde te schrijven ook. Duidelijk zal zijn dat het de moeite loont voor elke tuinliefhebber zelf het snoeien te leren en uit te voeren. Het verschaft vreugde, kost niets en de bomen zullen er niet zo 'geamputeerd' uitzien als op deze foto's.
Zelfs een zo afschuwelijk toegetakelde boom kan men echter 'repareren'. Zie de foto rechtsboven. Wel moet de hierop volgende sterke scheutontwikkeling goed worden aangepakt, zoals beschreven staat bij de op-

kweek- en onderhoudssnoei. Na een paar jaar is de boom dan al een eind op weg naar een meer normaal uitziende kroon.

Een zeer groeikrachtige pruimeboom waarbij alle eenjarige houtscheuten werden ingekort. Deze 'stalbezemsnoei' heeft een sterke scheutgroei tot gevolg met veel hout maar nauwelijks bloesem. Zo'n volkstuinder wordt meer bosbouwer dan fruitkweker (rechtsonder)!
Een 'reparatievoorstel' kan zijn: te dicht opeenstaande takken helemaal wegnemen. Zet de overblijvende takken met meerdere krachtige twijgen af aan het eind, op een buitenwaarts groeiende twijg.

Grondig snoeien vanaf het begin

De inplantsnoei is gelijk aan die van appel en peer. In de jonge kroon worden slechts 3 sterke, niet te steil staande twijgen aangehouden, die bij voorkeur zo gelijkmatig mogelijk rondom de stam verdeeld staan.
Omdat zoete kersen sterke groeiers zijn moeten die toekomstige gesteltakken vanaf de stam zeer wijd uit elkaar komen te staan. De overige twijgen in de jonge, pas geplante boom worden helemaal weggeknipt – als ze te steil staan – of horizontaal gebonden. De overblijvende toekomstige gesteltakken worden op een buitenoog gezet.
Bij de opkweeksnoei worden de verlengenissen van deze gesteltakken en de harttak alleen nog in de eerstkomende twee, drie jaar ingekort. De volgende jaren blijft terugsnoeien achterwege. Dan wordt enkel omgezet op naar buiten groeiende twijgen. De concurrenttwijgen gaan er uit, evenals de scheuten die op de ruggen van de takken zijn ontstaan en de lichtinval in de kroon hinderen.
Alle andere scheuten worden, voor zover er plaats voor ze is, helemaal vlak gebonden. Dit leidt tot vrij vroege vruchtproduktie. Tegelijkertijd wordt zo de zeer sterke jeugdgroei enigszins afgeremd.
Bij de latere onderhoudssnoei wordt de kroon slechts om de paar jaar iets opengesnoeid. Vruchthoutsnoei ontbreekt bij zoete kers.
Groot snoeiwerk, zoals het wegzagen van dikke takken of het verjongen van de totale kroon, kan het beste kort na de oogst worden gedaan, dus rond juli en augustus. De daarbij gemaakte grote wonden groeien namelijk beter dicht in de zomer dan na snoeien in de winter.

Na het afzetten in de herfst op lager staande zijtakken is deze zoete kers nog slechts 4 meter hoog. De paalconstructie met netten erover dient als vogelafweer.

Omdat kersebomen dikwijls erg hoog worden, moet na de oogst de top op een lager staande zijtak worden teruggezet. Als na enige jaren de nieuwe top weer problemen geeft, wordt dit herhaald. Zo niet, dan wordt het werken in de grote kronen bij de zoete kersen steeds moeilijker. Door lagere kronen aan te houden kan het risico van ongelukken sterk worden verminderd.

De snoei bij zoete kers als kleine spil

Het bovenstaande geldt voor de grootkronige zoete kersen, die meestal als hoog- of halfstam en een enkele keer als laagstam worden geplant. Zulke bomen zijn alleen geschikt voor grote tuinen. Ze zien er tijdens de bloei prachtig uit, maar hebben als groot nadeel dat van de verlokkende rode kersen meestal niet veel voor eigen gebruik overblijft. De meeste worden opgegeten door vogels (spreeuwen) omdat vogelafweer met een net bij zulke omvangrijke kronen nauwelijks uitvoerbaar is.
De laatste jaren duiken met name in Duitsland zogenaamde zwak groeiende kersen op, maar de meningen hierover zijn verdeeld. De levensduur wordt dikwijls niet hoger geschat dan een jaar of zeven. Of dit ook opgaat voor de hier beschreven Zuidduitse nieuwigheid 'Lamperts Compact' (selectie Deutenkofen) is overigens niet zeker. Ook zijn er experimenten met zwak groeiende onderstammen.
De Lamperts Compact is een zoet kerseras dat van nature een klein blijvende boom zou vormen. De boom blijft weliswaar niet zo klein als een appelspil op zwakke onderstam, maar meer dan drie meter plantafstand is niet nodig. Daarmee is het een stuk eenvoudiger om de boom met een net af te schermen.
De snoei is in het kort als volgt. Snoeien na het planten is meestal niet nodig. De boompjes worden meestal met een potkluit geleverd, dus in een plastic pot of container. Hierdoor zijn de wortels onbeschadigd zodat een nieuwe start van stevige scheuten door flink terug te knippen onnodig is. Bij een juiste snoei in de volgende jaren kan de boom wel binnen 2,5 tot maximaal 3 meter hoogte worden gehouden. Net als bij de appelspil wordt de kroon niet met 3, maar met 5 tot 6 hoofdtakken opgebouwd, losjes rondom de stam gegroepeerd en op zo'n manier dat de lichtinval op onderliggende takken niet in het gedrang komt. Na deze kroonopbouw is slechts zo nu en dan wat belichtingssnoei nodig.

De klein blijvende zoete kers Lamperts Compact voor het planten (links). Vanaf het vierde groei-jaar is 5 kilo kersen mogelijk, vanaf het tiende 15 kilo per boom (rechts).

De struikvorm

De zure kers, in ons land ook wel zure morel genoemd, verschilt van de zoete kers in de manier van groeien en het vormen van twijgen en knoppen. Daarom moet de snoei anders zijn dan bij zoete kers. Het beste kan de zure kers worden geplant als struikvorm op een kleine stam van amper 60 centimeter, zodat het mogelijk is om de kroon met een net tegen vogelvraat te beschermen. Eenjarige veredelingen worden vanaf de boomkwekerij nog wel eens aangeboden met slechts een stamhoogte van 40 centimeter. Daarboven zitten dan voortijdige scheuten. Dit zijn scheuten die in hetzelfde groei-jaar tijdens de zomer langs de harttak zijn gegroeid. In dit geval wordt opgeschoond. De twijgen die onder die 60 centimeter hoogte zitten worden weggeknipt. Hiermee wordt het later verzorgen van de grond rond de stam een stuk gemakkelijker.
Boven dit 60 centimeter hoge stammetje worden slechts 3 tot 4 voortijdige scheuten aangehouden, die op 2 tot 4 ogen worden ingekort. Het gaat dus om een zeer sterke inplantsnoei. De harttak wordt op een handbreedte daarboven, op een goed ontwikkelde knop teruggeknipt. Ontbreekt zo'n knop, omdat op de terugsnoeihoogte slechts voortijdige scheuten zitten, dan wordt de harttak op een voortijdige scheut teruggenomen. Die scheut wordt dan op zijn onderste knop geknipt.
Na deze inplantsnoei gaat de boom meestal flink groeien. Het volgende voorjaar wordt uit de talrijke nieuwe scheuten een viertal gunstig geplaatste gekozen, zo gelijkmatig mogelijk om de stam verdeeld. Die scheuten worden tot op een derde van hun lengte teruggesnoeid. De overige sterke, steil staande scheuten worden tot op hun basis weggeknipt, dan wel horizontaal gebonden. Hierdoor kunnen ze zich niet tot concurrenten van de gesteltakken ontwikkelen. De harttak moet een handbreedte hoger blijven.
Ook als de boom als tweejarige is gekocht, dus al bekleed met veel sterk ontwikkelde twijgen, wordt dezelfde ma-

Struikvorm van zure kers, een eenjarige veredeling voor en na de zeer forse inplantsnoei met maar drie korte twijgstompjes.

Schattenmorelle met een lichte kroon. Zo'n lage boom laat zich met een net tegen vogelvraat afschermen. Zet de harttak en andere takken steeds weer op lager geplaatste twijgen af, opdat de boom laag blijft en onderin bekleed met jong hout.

nier van snoeien na het planten toegepast. Omdat harttak en gesteltakken bij zure kers zich minder sterk ontwikkelen dan bij appel- en perehoogstam, kunnen er gemiddeld best vier goed verdeeld aan de stam geplaatste jonge gesteltakken worden aangehouden. De verdere kroonopbouw, inclusief de zomersnoei is gelijk aan die bij hoog- en halfstam van andere fruitsoorten. Zie aldaar.
In tegenstelling tot de zoete kers moet de zure kers elk jaar worden gesnoeid. Net als bij appel, peer of kwets is een regelmatige onderhoudssnoei aan te bevelen, al is hij wel totaal anders van uitvoering.
Bij zure kersen is aangetoond dat zowel de harttak als de zij- en gesteltakken steeds op lager geplaatste twijgen of takken moeten worden afgezet. Dit regelmatig omzetten heeft als resultaat dat de boom laag blijft maar houdt hem ook onderin goed bekleed met gezond jong hout. Als dit geen aandacht krijgt, verkaalt de zure kers in zijn kroon van onderuit, terwijl bovenin enorm sterke scheutgroei ontstaat. Natuurlijk worden bij deze jaarlijkse snoei alle concurrenttwijgen weggeknipt, evenals die welke boven op de takken staan en binnenwaarts groeien. Deze jaarlijkse 'bewakingssnoei' verkleint bovendien de mogelijkheid tot aantasting door ziekten en levert grote kersen op.
Vooral bij het veel in tuinen aangeplante ras Schattenmorelle is een regelmatige snoei belangrijk; bij verzuim wordt de struik al snel een soort 'treurwilg'. Een in Nederland minder bekend ras, Vuurmorel, heeft minder last van verkalen. Hierbij is het regelmatig omzetten op lager geplaatste takken al voldoende. Tevens wordt dan de kroon met van nature steil groeiende takken opengemaakt. Ten slotte zijn er ook nog zure kersenrassen die na de omschreven kroonopbouw verder moeten worden behandeld als zoete kersen: van tijd tot tijd uitlichten en stam en takken afzetten.
Net als bij de zoete kersen moeten zure kersenrassen ook na de oogst worden gesnoeid.

De leiboom

Bijzonder geschikt als leiboom tegen een garage- of huismuur is het ras Schattenmorelle, dat om zijn regelmatige dracht zeer in trek is. Ideaal is de zuidkant van een gebouw, maar west of oost kan ook. De leiboom kan worden opgebouwd met een hoofdas met vlakke, dan wel licht oplopende leggertakken. Voor de Schattenmorelle is de waaierleiboom bijzonder geschikt. Daarbij wordt de harttak vanaf het planten al omgebogen. De sterke op de bocht verschijnende houttwijgen mogen niet worden ingekort, maar links en rechts iets schuin oplopend of gebogen tegen het steunmateriaal gebonden. Zijn er te veel scheuten ontstaan, dan wordt op de dichtste plekken uitgedund. Hetzelfde geldt voor twijgen die te veel naar voren gericht staan. Zie voor verdere bijzonderheden de waaierleiboom bij appel en peer.

Al bij de opbouw van de leiboom begint de bijzondere manier van het behandelen van het vruchthout. De Schattenmorelle draagt namelijk vrijwel uitsluitend aan eenjarig hout, dus aan scheuten die in het vorige jaar zijn ontstaan. Dit houdt in dat een speciaal daarop gerichte snoei ervoor moet zorgen dat er jaarlijks veel jonge scheuten uitkomen. Wordt deze vruchthoutbehandeling achterwege gelaten, dan verlengen de twijgen zich elk jaar een beetje. Alleen aan deze korte nieuwe aanwas zitten dan het volgende jaar bloesem en vruchten, terwijl het achterliggende takdeel (twee- of meerjarig) verkaalt. Verwaarloosde oudere Schattenmorelle lijken dan ook op treurwilgen. Ook worden de vruchten merkbaar kleiner.

Om dit tegen te gaan worden telkens na de oogst de afgedragen twijgen teruggeknipt tot op jonge scheuten die dichter tegen de stam of takken zijn ontstaan. Die jonge scheuten mogen niet worden ingekort, omdat ze juist in de bovenste helft de meeste bloemknop-

Een zure kers, hier de Schattenmorelle, leent zich voortreffelijk voor een leiboomvorm tegen een zuid-, maar ook een west- of oostmuur. Hier voor (links) ...

... en na de snoei (rechts), welke zo mogelijk meteen na de pluk wordt uitgevoerd.

pen en vruchten vormen. Door deze voortdurende vernieuwing van het vruchthout na de oogst blijft de Schattenmorelle-boom vitaal. Elk jaar komen talrijke nieuwe scheuten uit, waaraan de volgende zomer kersen hangen. Deze zijn wezenlijk groter dan aan ongesnoeide bomen.

Deze jaarlijkse verjonging van vruchthout moet niet alleen aan de leiboom worden uitgevoerd maar ook aan vrijstaande struiken. Dat wil zeggen, als het gaat om het ras Schattenmorelle. Bij andere rassen is afzetten op een lager geplaatste zijtwijg of uitlichten van de kroon voldoende om de boom licht en vitaal te houden.

Snoei van Schattenmorelle na de oogst.

Oude Schattenmorellestruiken of -leibomen die er uitzien als een treurwilg, vanwege het nalaten van deze speciale vruchthoutsnoei, kunnen het beste direct na de pluk fors worden verjongd. Het kan ook in de winter, maar de wonden groeien beter dicht als het 's zomers gebeurt. Eerst haalt men alle te dicht opeenstaande takken uit de leiboom of kroon en daarna zaagt men van de overblijvende gesteltakken ongeveer een derde af.

Schattenmorelle (links), na de oogst voorbeeldig gesnoeid in augustus. Hier kort voor het uitlopen in het volgende voorjaar.

Vervolgens wordt het grootste deel van de zweepvormige lange twijgen verwijderd. Ze worden zoveel mogelijk ingekort op jonge scheuten, die vaak aan het onderste deel ervan staan.
Een Schattenmorelleboom ziet er na zo'n rigoureuze behandeling zeer licht en open uit, maar al in het volgende voorjaar volgt een forse nieuwe scheutgroei aan stam en takken. Het daaropvolgende jaar oogst men daarvan een vracht aan grootvruchtige morellen. Van de talrijke twijgen die na een verjongingsbeurt aan de einden van de takken of boven aan de stam verschijnen, worden al in de zomer de sterkste weggeknipt tot op eentje, die zou kunnen dienen als verlengenis van stam of takken. Alle andere, ook de zwakke – voor zover ze niet te dicht opeenstaan – handhaaft men, zonder ze ook maar ergens door te knippen. Deze jonge scheuten zijn het vruchthout voor het volgende jaar.

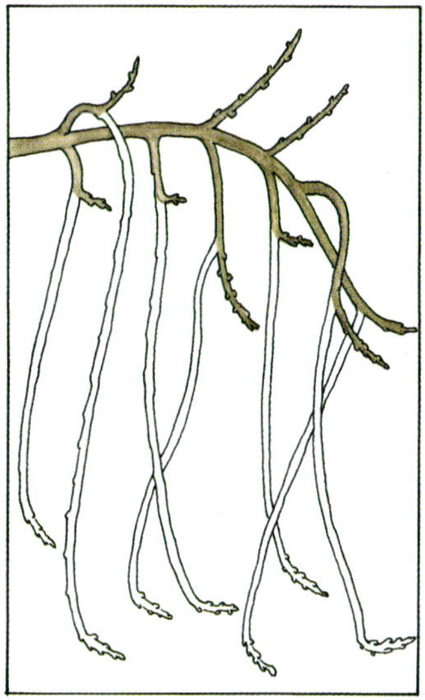

De tekening rechts geeft aan hoe een Schattenmorelle wordt verjongd die na jaren zonder snoei meer is gaan lijken op een treurwilg (onder) dan op een fruitboom.

Elk jaar snoeien

Evenals de zure kers wordt de perzik overwegend als eenjarige veredeling geplant. De inplantsnoei is dezelfde als bij de zure kers, dus snoei de aan het stammetje aanwezige voortijdige scheuten heel sterk terug op maar enkele ogen. In plaats van de gebruikelijke piramidale kroon met stam- en takverlengenissen en gestel- en zijtakken, is bij perzik een holkroonvorm de beste gebleken, dus een boom zonder harttak. Zo'n kroon biedt de warmteminnende vruchten in ons meestal niet ideale klimaat de meeste warmte en zon. Bovendien groeit een middentak bij perzik zelden precies door het midden omhoog.
Bij de opkweeksnoei, beginnend in het plantjaar, blijven daarom slechts 3 à 4 zoveel mogelijk gelijkmatig verdeeld staande sterke twijgen over. Dit zijn de toekomstige gesteltakken. De originele middentak of harttak wordt helemaal weggeknipt. De verdere opbouw van de gesteltakken volgt dan zoals al eerder diverse keren werd beschreven.
Omdat de perzik van nature sterk neigt naar topgroei, het bij voorkeur sterk groeien aan de top van de twijgen en takken, moet steeds fors worden gesnoeid. Zo niet, dan verkaalt de perzikboom onderin zeer snel. Om dit te voorkomen kunnen de gesteltakken het beste elk jaar worden teruggezet op buitenwaarts groeiende twijgen of takken. Net als bij de Schattenmorelle zorgt dit regelmatige afzetten ervoor

Alleen al de bloesem is een 'gedicht'. Daarna komen ook nog eens de volrijpe perziken van de eigen boom.

dat de kroon onderin vitaal blijft. Elk jaar nieuwe scheutgroei is belangrijk, want net als de Schattenmorelle draagt ook de perzik slechts aan de vorig jaar ontstane scheuten. De mooiste vruchten ontwikkelen zich bij de perzik aan de zogeheten 'echte vruchttwijgen'. Deze zijn ongeveer zo dik als een potlood en minimaal 50 centimeter lang. De knoppen zitten er meestal aan in groepjes van drie: tussen twee bolronde bloemknoppen zit een spitse bladknop ingebed. Als zulke echte vruchttwijgen tot op ongeveer de helft worden ingekort, geeft dat bijzonder mooie en dikke vruchten en bovendien ontstaat een sterke jonge scheutgroei voor het volgende jaar. Voor dit laatste is inkorten overigens niet nodig. Het jaarlijks afzetten van de gesteltakken zorgt al voor veel nieuwe scheutgroei.
'Verkeerde vruchttwijgen' zijn aanmerkelijk zwakker en korter. Ze zijn bijna volledig met bloemknoppen bezet. Omdat door het ontbreken van bladeren aan zulke twijgen nauwelijks vruchten groeien, worden ze op korte stompjes van hooguit 2 knoppen weggeknipt. Hierdoor veroorzaakt men sterke nieuwe groei en dus echte vruchttwijgen voor het volgende jaar.
Houttwijgen die over de volle lengte met lange spitse bladknoppen zijn bezet, worden alleen ingekort als ze kunnen worden gebruikt voor het verlengen van gestel- of zijtakken. Zo niet, dan worden ze tot op hun voet weggehaald. Het zijn meestal heel sterk groeiende twijgen boven op de rug van de takken. Verder zitten in een perzikboom nog korte, met veel bloemknoppen bezette scheutjes, die men niet terugknipt. Ze worden om hun uiterlijk wel 'boeketscheutjes' genoemd.
Het beste tijdstip voor het afzetten van de sterkere takken in de volgroeide kroon is net na de oogst, maar tijdens de opbouwsnoei in de eerste jaren worden ze vroeg in het voorjaar op knoppen ingekort. Het knippen in de echte en verkeerde vruchttwijgen kan voor, tijdens of net na de bloeitijd gebeuren. Voor het verkrijgen van dikke vruchten en voldoende nieuwe sterke

Houttwijg (links) en 'echte vruchttwijg' bij perzik. Aan de laatste zit tussen twee bolronde bloemknoppen een spitse bladknop.

scheutgroei is dit alleszins aan te bevelen. In gebieden met een minder gunstig klimaat heeft vruchthoutsnoei net na de bloei de voorkeur, vooral daar waar de perzikbloesem vaak bevriest. Als namelijk de bloesem of de jonge vruchtjes bevroren zijn, kunnen maar beter ook de echte, en niet alleen de verkeerde vruchttwijgen op korte stompjes worden gesnoeid. In zo'n jaar zonder vruchten kan men dan beter door fors terug te knippen zorgen voor talrijke echte vruchttwijgen voor het volgende jaar.
In strenge winters bevriest bij

perzikbomen niet zelden een deel van het hout. Is slechts een deel van de kroon bevroren, dan kan vaak nog wel wat worden gered. In zo'n geval worden de afgestorven takken tot op de dan lager uitbottende jonge scheuten weggenomen. Met behulp van deze sterke jonge twijgen kan weer vrij vlot een nieuwe kroon worden opgebouwd.
Een perzikboom die jarenlang niet wordt gesnoeid, wordt onderin kaal. In zo'n geval is een verjongingssnoei op zijn plaats, bij voorkeur in de zomer kort na de oogst. De gesteltakken en de daarlangs verspreid zittende zijtakken worden daarbij tot diep in het oude hout teruggenomen. Bij de plaatsen waar grote snoeiwonden moeten komen, is het wijs erop te letten dat dit gebeurt bij jong levend hout dat dan als verlengenis van de betreffende takken kan dienen. Bij perzik is het beter grote wonden in te smeren met een goed wondafdekmiddel.
Thuis wordt de perzik graag als leiboom tegen een zuidmuur gekweekt. Hiervoor is de beste keus een waaier, een leiboommodel zoals bij de Schattenmorelle en bij appel en peer staat beschreven, mede omdat bij de perzik gemakkelijk takken verloren gaan vanwege de gevoeligheid voor vorst en gomziekte. Zulke verliezen zijn meestal echter te herstellen met behulp van nieuwe jonge twijgen. De behandeling van het vruchthout is gelijk aan die bij de struikvorm.
Verkaling onderin wordt tegengegaan door elk jaar de boven in de leiboom zittende takken terug te snoeien. Daarvoor zorgen de hierdoor ontstane jonge scheuten.

In een minder gunstige omgeving is de perzik bruikbaar als decoratieve muurleiboom (links). Wordt de perzik als vrije struik geplant, dan geldt de holkroon met slechts enkele zich vergaffelende gesteltakken als ideale boomvorm (rechts). Duidelijk zijn de ingekorte echte vruchttwijgen te herkennen.

De perzik vraagt levenslang een forse snoei, want bloemen en vruchten ontstaan enkel aan sterke eenjarige twijgen, net als bij de Schattenmorelle.

Leiboom en struikvorm

Onder klimatologisch ongunstige groeiomstandigheden is het beter de abrikoos als waaierleiboom tegen een warme zuidmuur op te kweken. Deze vrije leivorm, waarbij de afzonderlijke takken boogvormig aan latten of draden worden gebonden, is als het ware voor de abrikoos geschapen. Wie zoiets wil, vindt alles hierover bij appel en peer of bij de zure kers.
Als het klimaat het echter toestaat, kan de abrikoos als vrije en enigszins onregelmatig opgebouwde struik met 3 tot 4 gesteltakken en zijtakken worden opgebouwd. De inplant- en de opkweeksnoei werd al meermalen beschreven. De opbouw van de kroon duurt bij de abrikoos vrijwel nooit langer dan 3 tot 5 jaar. Daarna hoeft nauwelijks meer te worden gesnoeid, hoewel op den duur toch een vorm van onderhoudssnoei nodig is, meestal wanneer de sterk gespoord uitziende kroon met los verspreide zijtakken en veel vruchthout zo'n 5 jaar bestaat. Dan worden al in de zomer alle concurrent- en binnenwaarts groeiende twijgen weggeknipt. Een stamverlengenis wordt op een zijtak afgezet, zodat bovenin een holkroon ontstaat.
Een in de loop der jaren te dicht geworden kroon wordt na de oogst (midden augustus tot midden september) een keer uitgelicht. In de eerste plaats worden dan dorre, te dicht opeenstaande, elkaar kruisende of beschadigde takken verwijderd. Geen 'kapstokken' (takstompen) laten staan. Smeer desgewenst wonden dicht met een wondafdekmiddel. Zodra een oudere abrikozeboom niet meer groeit kan hij worden verjongd, op een manier zoals bij appel en peer staat beschreven. Deze ingreep, waarbij de kroon wel met een kwart of de helft wordt teruggezaagd, moet in augustus/september plaats vinden. Het terugsnoeien moet gebeuren op plaatsen waar jong hout is te vinden. Dat wordt dan tot op de bastring met slapende ogen afgeknipt! Zo ontstaan het komende voorjaar meerdere sterke scheuten, waarvan er één later wordt gebruikt als verlengenis van de tak.

De enigszins eigenzinnig groeiende abrikoos is bijzonder geschikt voor een waaierleivorm.

Tegen een warme en beschuttende huismuur voelen abrikozen zich het beste thuis.

Omenten van fruitbomen

Net als het snoeien van fruitbomen is enten een handvaardigheid die niet alleen uit de boeken is te leren. Nadat men zich op de volgende pagina's vertrouwd heeft gemaakt met de verschillende manieren van enten, is het verstandig ergens een praktijkcursus te volgen. Soms verzorgen volkstuinverenigingen die.

Groot is de vreugde als blijkt dat de enting is geslaagd en de ent begint uit te lopen. De rechter ent is verdroogd.

Veredelen door enten is echter ook een 'gevaarlijke' bezigheid, niet zozeer omdat men zich bij de eerste oefeningen met het scherpe entmes in de vingers kan snijden, maar om een heel andere reden. Na de eerste successen krijgt menige tuinvriend plezier in dit werk, zodanig dat hij op alles wat maar lijkt op een appel-, pere- of pruimezaailing een ent gaat zetten en de gelukte veredelingen in de tuin uitplant. Zo ontstaat al vlug een 'fruitbomen-oerwoud' met alle bekende nadelen, omdat de bomen veel te dicht bij elkaar staan.

Waarom fruitbomen omenten?

Daarom is het beter zich te beperken tot het omenten van reeds aanwezige bomen, vooral wanneer hun opbrengst of de kwaliteit van de vruchten tegenvalt. Ook kunnen rassen die erg gevoelig zijn voor schurft of andere schimmelziekten op deze manier worden vervangen door betere. Bovendien kunnen zo waardevolle oude rassen worden behouden, die slechts van lokale betekenis zijn en daarom niet door boomkwekers worden aangeboden. Het enten op jongere bomen behoedt ze tegen uitsterven.

Moet er worden gekozen tussen een bepaalde boom rooien en vervangen door een andere of hem omenten, dan is dit laatste te verkiezen, tenzij de bedoelde boom ernstige schade aan de stam heeft of al te veel is verouderd. Omdat het omvangrijke wortelstelsel volledig intact blijft, zal de om te enten boom sneller een goede oogst geven dan een jonge, nieuw geplante vervanger.

Door enten meerdere rassen op dezelfde boom

Normaal wordt elke boom slechts met een enkel ras omgeënt, maar het is best mogelijk op dezelfde boom meerdere rassen te zetten. Op die manier kan een uitgebreid assortiment worden verkregen, zonder de daarvoor benodigde bomen te moeten planten. Ook bomen van toch wel waardevolle rassen kunnen echter zo worden omgeënt, omdat het vaak niet eenvoudig is een volle oogst van een hoog- of halfstam zinvol of lonend te verwerken, zeker niet in een klein gezin. Zo kan bijvoorbeeld bij een jonge, nog groeikrachtige boom op elke gesteltak een ander ras worden gezet, evenals op de harttak. Elke gesteltak met zijn zijtakken levert dan andere appels of peren op, terwijl aan de overblijvende bovenste

Uitbotten van een ent laat in de zomer (juli). De vruchten van de oorspronkelijke boom waren toen al zo groot als walnoten. Het uitlopende enthout bloeit, maar vruchten komen er meestal pas na twee jaar aan.

vruchttakken, toepasselijk saptrekkers genoemd, en aan het onderste gedeelte van de boom vruchten komen van het oorspronkelijke ras.
Meestal worden hoog- of halfstammen op die manier omgeënt, maar ook bij spillen kan dit goed. Zelfs als in een zeer kleine tuin maar enkele spillen kunnen groeien, kunnen zo toch meer rassen verkregen worden. In de meeste gevallen dragen de uit de enten komende twijgen al in het tweede jaar na het enten vruchten.
Ook kunnen onbekende en nieuwe rassen worden uitgeprobeerd door ze te enten op een sterk ingekorte vruchttak van een spil.
Als u meer rassen op dezelfde boom zet moet u erop letten dat de onderlinge groeikracht ongeveer even sterk is. Dit geldt voor zowel hoog- en halfstam als voor spil. Per boom moeten daarom alleen sterk groeiende of alleen zwak groeiende rassen worden samengebracht. Zo niet, dan zal een tak waarop een sterk groeiend ras is gezet, zich bijzonder sterk ontwikkelen, zo sterk dat hij zelfs de andere takken en de harttak overheerst. In dat geval is het evenwicht en daarmee ook het aanzien van de boom aangetast.
De zich te sterk ontwikkelende tak of takken moeten doorlopend worden gecorrigeerd via terugsnoeien of afzetten.

Hoe jonger en vitaler een boom is, des te meer loont het de moeite hem om te enten. Daarna duurt het meestal slechts twee jaar voor het nieuwe ras gaat dragen.

Voorbereidingen bij het omenten

Voor het omenten in de late winter of het vroege voorjaar lenen zich vooral appels, peren en kwetsen. (Andere fruitsoorten worden verderop behandeld.) Alvorens met de voorbereidingen te beginnen, wil ik er nog eens op wijzen dat omenten alleen zin heeft bij vitaal groeiende, gezonde bomen. Wie denkt overjarige verzwakte of zieke fruitbomen via omenten te kunnen behouden, zal weinig succes hebben. Ook bij bomen met hele grote wonden aan de stam is het meestal moeite voor niets.

Het afzetten van de kroon

Tijdens de winter voorafgaand aan het enten wordt de kroon tot ver in het oude hout teruggezaagd. 'Afgezet' luidt de vakterm hiervoor. Al naar gelang de fruitsoort worden de takken onder een verschillende hoek ten opzichte van het midden afgezet. Bij de kroon van appel-, kwets- of pruimeboom is dat een hoek van ruim 100 graden, bij een peer is dat minder, tussen 90 en 100 graden. In het eerste geval lijkt de afgezette kroon op een bijna plat dak, bij de peer daarentegen meer op een puntdak. U vergemakkelijkt het werk door vooraf op afstand met de beide handpalmen het voorgestelde dak vormend naar de boom te kijken. Door op en neer te gaan met de vingertoppen aan weerszijden langs de harttak, kan dan worden vastgesteld waar moet worden afgezet.
Het is aan te bevelen om gedurende het afzetten de kroon niet enkel van één kant te bekijken, zodat na het afzetten een zo gelijkmatig mogelijke dakvorm overblijft.
Een gelijkmatig gegroeide kroon afzetten is niet moeilijk, zeker als de boom al vanaf de inplantsnoei doelgericht werd opgebouwd. Een eenzijdig opgegroeide kroon vraagt daarentegen enig overleg, opdat de zaagplekken van de hoofdtakken vanuit het midden gezien naar alle kanten gelijkmatig dakvormig aflopen. Kronen die niet doelmatig werden opgezet met gestel- en zijtakken of te dicht zijn, worden eerst open gesnoeid. Zie bij appel en peer.
In het algemeen worden de gesteltakken bij het afzetten met ongeveer tweederde van hun lengte ingekort. Aansluitend wordt de top van de boom zodanig afgezet dat de omschreven dakvormige hoek ontstaat. De zwaarste takken moeten dan nog ongeveer 1 tot 1,5 meter lang zijn, maar bij zeer jonge bomen en spillen mag dat natuurlijk minder zijn.
Wordt te kort afgezet, dan kunnen oudere bomen soms in het sap 'stikken'. Daarom blijven onderin ook een aantal zwakkere en diep hangende takken onbehandeld. Die dienen als 'saptrekkers', waarin een deel van de door de wortels aangevoerde sapstroom kan weggroeien, daarmee het risico verkleinend van een te grote sapdruk op de entplekken. Bovendien draagt het blad van deze saptrekkers ertoe bij dat de uitbottende enten voldoende van bouwstoffen (assimilaten) worden voorzien.
Zitten er aan de sterk ingekorte gesteltakken nog zijtakken die niet nodig zijn als saptrekker, dan worden die ook ingekort en ze worden eveneens van een ent voorzien.
Omdat het omenten – het kroonenten – pas in het voorjaar wordt gedaan, laat men bij het afzetten van de takken zo'n 20 centimeter meer zitten dan bedoeld. Ze worden pas direct voor het enten in het verse hout op de goede plek afgezaagd. Van belang is ook de entplaatsen niet breder te laten zijn dan 10 centimeter, anders zou het dichtgroeien van zo'n wond erg lang duren of zelfs gedeeltelijk kunnen mislukken.

Eerst worden alle te dicht opeenstaande takken verwijderd (hier van een ongeveer zes jaar oude perezaailing), waarna de overige volgens plan worden ingekort.

Het verzamelen van enthout

Het enthout moet al tijdens de wintersnoei worden verzameld, rond januari. Enttwijgen van appel en peer kunnen ook later worden verzameld, maar wel voordat het uitlopen van de knoppen is begonnen. In dit laatste geval moeten de enten dan onmiddellijk worden gezet, want ze verdragen langer bewaren absoluut niet. Enthout dat pas in maart wordt verzameld – nadat de sapstroom in de bomen al op gang is gekomen – maar pas weken later wordt gebruikt, zal in de meeste gevallen niet uitlopen. De enten verdrogen, ook al worden ze nog zo goed bewaard.

Het is van belang te weten of het enthout is geknipt van goed dragende bomen van het gewenste ras. Of rassen, als men op gestel- en harttakken verschillende rassen wil enten. De beste enthouttwijgen zijn potlooddikke eenjarige scheuten, die aan de zonzijde van de moederboom zijn gegroeid, of ten minste goed in het licht hebben gestaan. Zulke twijgen zijn goed uitgerijpt en hebben sterke knoppen gevormd. Onuitgerijpte twijgen, zoals de topscheuten van verlengenissen, deugen eigenlijk niet, net zo min als waterloten en hout uit veel te dichte bomen.

Wie het enthout niet bij een bekende in de tuin kan knippen, kan het beter betrekken van een boomkweker, een tuinbouwschool of iets dergelijks. Grote problemen zijn in veel gevallen te verwachten als men enthout wenst van ouderwetse rassen. Ze zijn tegenwoordig – soms – wel weer te krijgen bij verschillende onderzoeksinstituten in de fruitteelt. Wie daarin interesse heeft, moet dan al wel in november bestellen en zeggen om welke soorten of rassen het gaat.

Voor succesvol enten hangt alles er vanaf of het enthout zorgvuldig is bewaard. De twijgen mogen niet gerimpeld of uitgedroogd zijn, maar ook geen uitgelopen knoppen hebben. Het beste is de in de winter geknipte enthouttwijgen te etiketteren (op rasnaam) en ze dan buiten in te graven, op zo'n manier dat ze half in de grond zitten. Graaf ze liever niet in in grote bundels, omdat dit de houdbaarheid nadelig zou kunnen beïnvloeden. Om het uitlopen van de knoppen eraan zo lang mogelijk tegen te houden, kunnen ze het best in de schaduw worden bewaard, bijvoorbeeld aan de noordkant van een huis. Op een te droge plek, zoals onder een overhangend dak, is het goed ze af en toe nat te gieten of met sparretakken af te dekken.

Een kelder is voor het bewaren van enthout alleen geschikt als hij vochtig en koel is. In dat geval kunnen de twijgen in een emmer met enigszins vochtig zand worden gezet.

Voor het slagen van een enting is naast onberispelijk enthout een lange, gladde snede van belang. Het enthout mag noch ingedroogd zijn, noch al begonnen zijn met uitlopen. Verzamel daarom enthout in geen geval te laat, maar al in januari en bewaar het dan koel!

De om te enten takken worden direct voor het enten op ongeveer een handbreedte verder in het levende hout afgezaagd.

Kroonenten – enten achter de bast

In gebruik zijn diverse entmethoden, waarvan het 'kroonenten' ook voor beginners in de fruitteelt gemakkelijk te leren is. Ook heeft deze methode het hoogste slagingspercentage. Overigens, in plaats van enten wordt ook veel gesproken van veredelen; met beide wordt hetzelfde bedoeld.

Zodra de bast goed loslaat van het hout, kan met enten worden begonnen. De beste tijd is zo tussen midden april en eind mei. Pruimen en kwetsen worden al begin april gedaan. Kersen kunnen beter tijdens de bloei worden behandeld, voor zover hiervoor niet gekozen wordt voor zomerveredelen (zie laatste hoofdstuk).

Bij appel en peer is kroonenten mogelijk van begin april tot begin juni, als op dit late tijdstip het enthout nog onberispelijk is, dus niet ingedroogd of met al uitgebotte knoppen. Wat het juiste moment is, hangt altijd af van het weer en het plaatselijke klimaat. Zoals gezegd: de bast moet goed loslaten.

Het voorbereiden van de entplaatsen

Alvorens met het eigenlijke enten te beginnen maakt u de entplaatsen – de plekken waarop de te enten takken zijn afgezet – eerst nog 20 centimeter lager opnieuw. De vers gezaagde wonden worden daarop met het snoeimes aan de randen glad bijgesneden. Belangrijk is hierbij te zorgen dat ongeveer een handlengte onder deze definitieve ent-

De randen van de wonden voor de entplaatsen goed glad bijsnijden (boven) en elke ent met een lange trekkende copulatiesnede aansnijden (onder).

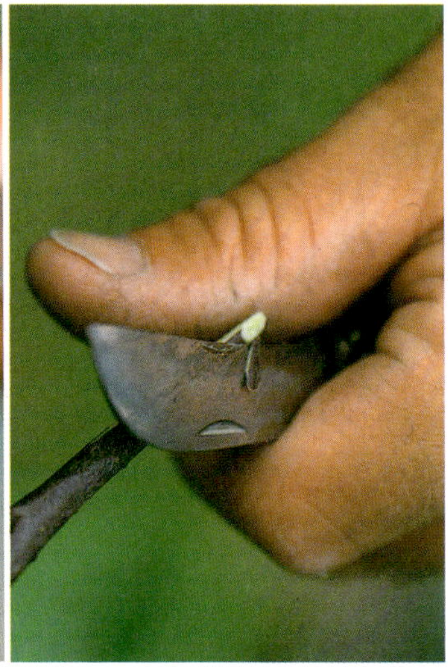

plaats de bast glad is. Dit houdt in dat over deze lengte geen takken, scheuten of oude of nieuwe wondknobbels mogen zitten.

Het snijden van enten

Direct voor het enten wordt het middenstuk van de al in de winter verzamelde enthouttwijgen met de snoeischaar in stukken geknipt. Elk stuk moet 3 tot 4 ogen (knoppen) bezitten. De ondereinden en de toppen van deze twijgen zijn minder geschikt als enthout. De toppen zijn vaak niet voldoende afgerijpt en op het onderste deel zitten veel te zwakke ogen. Het verdient aanbeveling de al langere tijd bewaarde enttwijgen voor het enten enige tijd in het water te leggen. Hierdoor frissen ze op en de enten zullen vrijwel zeker beter aanslaan (vastgroeien).

De verschillende snedes om meer cambium bloot te leggen en zo door een innige aanraking een prima aanslag tussen ent en onderstam te krijgen. Links: het reepje bast van de zijkant weghalen, midden: het resultaat, en rechts: een stukje bast weghalen van de onderste punt van de ent.

Elke ent met 3 tot 4 ogen wordt nu, vlak tegenover het onderste oog beginnend, met een ongeveer 5 centimeter lange, gladde snede aangesneden. Dit moet met een vlijmscherp entmes worden gedaan, omdat de snee in één haal goed moet zitten. Herhaald nasnijden maakt de snede oneffen. De snijvlakken zullen hierdoor niet goed tegen elkaar aansluiten, waardoor het aanslaan twijfelachtig is.

Wil de enting slagen, dan moet een innige aanraking tussen ent en onderstam (of entplaats) ontstaan. Hiervoor moeten de cambiumlagen van ent en onderstam elkaar zoveel mogelijk raken – daarom is een lange gladde snee zo belangrijk. Om nog meer cambium bloot te leggen wordt aan een zijkant van de lange snede een millimeter smal reepje bast weggesneden. Haal ten slotte nog een stukje bast weg onder aan de punt van de ent. Het entmes moet zo scherp mogelijk zijn en eerst met de slijp- of aanzetsteen goed worden geslepen. Let hierbij op dat de onderkant van het mes vlak blijft en niet een beetje gewelfd, anders zullen de snijvlakken niet glad genoeg zijn. De onderkant mag daarom maar zacht worden geslepen, dus slechts met de fijnkorrelige kant van de steen.

Het opzetten van de enten

Het opzetten moet zo vlug mogelijk na het snijden van de enten worden gedaan, om te voorkomen dat de snijvlakken uitdrogen. Dit geldt vooral bij warm, drogend weer. Beter is ook de snijvlakken niet met de vingers aan te raken. Elke verontreiniging moet worden voorkomen, dus is enten onder vochtige weersomstandigheden ook niet goed.
De ent moet tussen bast en hout van de entplaats kunnen worden geschoven. Daarom wordt het entmes over een lengte van 5 centimeter op de bast gezet, om vervolgens door de bast heen gedrukt te worden tot op het hout. Bij dezelfde handeling tilt u met het mes een van de beide entvleugels op, door met het mes een licht zijwaartse en omhoogtrekkende beweging te maken. Bij het snijden van de enten werd aanbevolen om langs de lange entsnede een smal reepje bast weg te nemen. Bij het plaatsen van de ent wordt aan die kant de bastvleugel vastgelaten! De ent wordt nu in en onder de opgetilde entvleugel geschoven, zodat het smalle lange zijwondje strak tegen de vastliggende entvleugel komt aan te liggen. Ook adviseert men wel om even onder het onderste oog van de ent ook nog een stukje bast weg te nemen, dus tegenover de lange entsnede. Op die manier ligt de ent op drie plekken tegen het cambium aan. Hij zit vast en zal snel aanslaan. Boven aan de entplaats moet van de lange entsnede bij de ent, nog 3 tot 5 millimeter er bovenuit steken; dit bepaalt tevens hoe diep de ent onder de entvleugel mag worden geschoven. In het vorige stukje, het snijden van enten, werd al aangegeven hoe belangrijk het is dat de cambiumlagen van ent en entplaats elkaar raken. Onder

Het mes erop zetten, indrukken ... entvleugel optillen ... ent erin schuiven ... maar slechts zover als op de foto rechtsonder is te zien.

het cambium wordt verstaan de levende cellaag tussen hout en bast: de groeilaag waarin de nieuwe cellen ontstaan van zowel bast als hout. Na het enten komt in die cambiumlaag van zowel entplaats als ent een drukke aanmaak van nieuwe cellen op gang. Die groeien in en aan elkaar en zo verenigen ze zich.
Zodra het samengroeien van ent en entplaats een feit is, komt vocht met daarin opgeloste voedingsstoffen uit de onderstam de ent binnen. De ent loopt uit. Later breidt dit vergroeien zich uit over de totale snijvlakken, waardoor de ent echt vast komt te zitten.

Het aantal enten

De opbouw van de kroon vereist per entplaats slechts een enkele ent, want elke gestel-, zij- of harttak heeft maar één verlengenis nodig. Dat soms toch meer enten per entplaats worden gezet, heeft te maken met het sneller doen dichtgroeien van de entplaats.
Bij takken tot zo'n twee centimeter doorsnee is 1 ent aan de bovenzijde van de entplaats voldoende. Plaatsing aan de onderzijde zou de kans op uitbreken van de later ontstaande tak te groot maken. Heeft de entplaats een doorsnede tussen 2 en 5 centimeter, dan kan worden volstaan met het plaatsen van twee enten, de ene links en de andere rechts. Zijn de wonden nog groter,

zeg maar tot 10 centimeter, dan zou men wel 3 tot 4 enten kunnen zetten op zo'n entplaats. De aan te houden scheut voor de nieuwe takverlengenis wordt dan bij voorkeur uit de bovenste ent gekozen, anders uit een zij-ent.
Nog zwaardere takken kunnen beter niet zelf worden omgeënt, maar op een zijtak. Is er echt geen andere mogelijkheid, dan worden naar believen enten gezet op een onderlinge afstand van 7 centimeter rondom de entplaats.

Het aanbinden en insmeren met entwas

Meteen na het opzetten van de enten worden ze samen met hun entvleugels omwikkeld, aangebonden. Vanouds gebeurt dat met raffia, soms met kunststof tape, maar ook veel met de bekende crêpe kleef-

Goed aanbinden, eventueel met raffia, en daarna goed dichtsmeren met entwas. Vergeet daarbij het snijvlakje aan de top van de ent niet.

band die huisschilders gebruiken. Bij het gebruik van raffia worden eerst om de kop van de entplaats enkele wikkelingen gelegd, gekruist over elkaar tegen het losgaan, en dan verder naar onderen om te eindigen met een overslaglus. Trek het aan in de omwindrichting en het geheel zit vast. Zo worden de snijvlakken opeen geperst en kunnen de ertussen zittende enten niet meer van hun plaats.
Is de bast erg dik, dan moet heel stevig worden gebonden om voldoende druk op bast en onderliggende ent te verkrijgen.
Ten slotte moet de entplaats, evenals de kleine snijwond aan de top van de ent, goed worden dichtgesmeerd met entwas. Dit moet zorgvuldig gebeuren. Er mogen geen openingen blijven rond de enten, anders drogen ze uit. Dit geldt ook voor het enttopje!

Kijk zekerheidshalve een week later alles goed na op eventuele 'lekken', want vaak ontstaat een waterblaas onder de entwas door de grote sapdruk op de entplaats. Ook de bastsnede moet goed tot onderaan worden dichtgestreken en later nagekeken. Smeer de lekken dicht, na de waterblazen te hebben verwijderd. Die blazen worden vermeden door alleen entwas te gebruiken rond en aan de top van de ent. Het grote houtige midden van de entplaats wordt dan ingesmeerd met een gewoon wondafdekmiddel, maar bij vitale bomen ook wel onbedekt gelaten. Entwas is er in koude en in warme vorm. De laatste moet op een klein spiritusbrandertje strijkbaar worden gemaakt en gehouden. Koude entwas kan als het slecht smeerbaar is in een pan met heet water dunner worden gemaakt.

Enkele weken na het uitlopen van de enten mag de raffia worden doorgesneden (links) om de entplaats vrij te maken. Knip vervolgens in het begin van de zomer alle jonge scheuten (midden) tot op dertig centimeter onder de entplek weg (rechts).

Oefenen in het enten

De beschreven gang van zaken rond het enten lijkt ingewikkelder dan hij is. Daarom is deelname aan een praktische cursus zeker aan te bevelen. Belangrijk voor het slagen is in de eerste plaats de lange, gladde copulatiesnede die met een 'scheermesscherp' entmes moet worden uitgevoerd. Wie voor de eerste keer gaat enten, doet er goed aan eerst flink te oefenen op uit de wintersnoei verkregen twijgen, desnoods op wilgehout. Het is allesbeslissend dat de lange snede in een keer lukt. Ook moet het snijvlak schoon blijven.

Het nabehandelen van de entplaats

Ongeveer twee tot drie weken na het enten beginnen de ogen te 'schuiven' en komt de scheutgroei uit de enten op gang. Soms echter duurt het wel een paar weken langer. Wordt dus als er na drie weken nog geen teken van leven is te zien, niet ongeduldig maar wacht gewoon nog even af! Van belang is ook wat er na het enten wordt gedaan. Zijn de enten met raffia aangebonden dan moet na ongeveer vijf tot zes weken die raffia worden doorgesneden met enkele sneden van het entmes. Het gevaar bestaat anders dat door de beginnende diktegroei in het hout de enten worden af-

gekneld. De raffia moet niet worden verwijderd, om loslaten van de entwas te voorkomen.
Onder de entplaatsen ontstaan zeer veel nieuwe scheuten door het fors inkorten van de vele takken – het afzetten van de kroon. Deze scheuten komen uit de vele slapende ogen van het oorspronkelijke ras. Om sterke concurrentie aan voedingsstoffen voor de enten te voorkomen moet dit verwijderen van de scheuten de komende tijd nog enkele malen worden herhaald. Dit noemt de vakman 'het vrijstellen van de enten'. Vanaf de voorzomer wordt daarom alle scheutgroei tot 30 centimeter onder de entplaatsen weggenomen. De lager uitkomende sterke twijgen worden getopt of vlak uitgebonden. Door al deze maatregelen komt de sapstroom zoveel mogelijk ten goede aan de uitlopende enten. Het zou echter niet juist zijn om alle nieuwe scheutgroei van de takken van het oude ras weg te halen.
De nieuwe groei uit de enten zelf blijft gedurende de eerste zomer onbehandeld. Alleen als op grote entplaatsen twee, drie, vier of meer enten zijn gezet wordt de bovenste, die op de bovenkant van de dikke tak is geplaatst, aangehouden. De andere enten worden getopt. Hierdoor wordt één twijg – de tak- of stamverlengenis – speciaal bevoordeeld, maar de andere worden zo van begin af aan ondergeschikt gemaakt. Ze dienen slechts voor het snel overgroeien, het dichtgroeien, van de entplaats.

De nabehandeling in de winter

Ook in de volgende winter wordt onder de entplaatsen alles tot op 30 centimeter weggesnoeid. Dit geldt ook voor de scheuten van het oude ras die binnen in de kroon nieuw zijn gegroeid en steil overeind staan. Andere, zwakke of niet zo steil staande twijgen worden vlakgebonden, liefst buitenwaarts gericht. Voor zover dit natuurlijk al niet in de zomer is gebeurd. Ook nu zou het niet goed zijn om alle oude hout te verwijderen. Aan dit overblijvende hout ontstaat vrij gemakkelijk vruchthout, waaraan bijzonder mooie dikke vruchten kunnen groeien. Per entplaats mag slechts één nieuwe twijg de groei overne-

Saptrekkers worden, gespreid over de komende twee winters na het enten, geleidelijk weggezaagd (links). Per entplaats mag slechts 1 nieuwe twijg de groei overnemen. De overige horizontaal binden of afzetten (rechts).

men. De overige uit deze ent ontstane scheuten worden horizontaal gebonden of bij de wintersnoei op een lager staande zijtwijg omgezet, om de concurrentie tegen de verlengenis van gestel- of zijtakken zoveel mogelijk te voorkomen. Deze twijgen mogen niet worden ingeknipt, anders zullen ze erg sterk opnieuw gaan groeien. Ongesnoeid bevorderen ze een snelle overgroeiing van de entplaatswond en, door hun overwegend vlakke stand, zullen ze de eerste vruchten van het nieuwe ras voortbrengen. Ze bloeien meestal in het tweede jaar na het enten.
Alleen de twijgen die zijn uitgekozen om als verlengenis van stam of gesteltakken te dienen worden op een buitenwaarts gericht oog ingeknipt. Met deze twijgen wordt daarna volgens de bij appel en peer genoemde opkweeksnoei de nieuwe kroon opgebouwd. De saptrekkers worden achtereenvolgens in de loop van de volgende twee jaar verwijderd. Men begint in de winter na het enten. Ook bij oudere bomen moeten na drie jaar alle oude saptrekkers zijn weggehaald.
Reeds na enkele jaren zal de omgeënte boom een kroon hebben ontwikkeld die in niets onderdoet voor de oorspronkelijke kroon. Hij draagt dan vruchten van het nieuwe ras, dan wel van meerdere nieuwe rassen. Zie het eerste hoofdstuk over omenten.

Winterveredelen – enten tijdens de winterrust

Naast het kroonenten, waarmee pas kan worden begonnen als de bast goed loslaat van het hout, zijn er nog andere manieren van enten die men al vanaf midden februari kan toepassen. Zij vragen echter in alle gevallen meer vaardigheid.

Het copuleren of plakenten

Deze methode is slechts uitvoerbaar als beide partners, ent en onderstam, even dik zijn en de te veredelen onderstam mag dus niet zwaarder zijn dan de ent. Dit is tegengesteld aan de eerder uitvoerig beschreven manier van kroonenten. Copuleren of plakenten kan dus enkel worden gedaan bij heel jonge boompjes of onderstammen. In oudere bomen gebeurt het wel op potlooddikke twijgen langs de takken.
Voor het copuleren worden goed uitgerijpte eenjarige twijgen van het gewenste ras gebruikt. Ze worden in januari verzameld en tot aan het mo-

Bij het 'copuleren met contrasnede' ontstaat een bijzonder innige verbinding tussen ent en onderstam.

ment van gebruik opgeslagen. Ook hier is een 4 tot 5 centimeter lange gladde copulatiesnede beslissend voor het succes. Daarvoor moet het enthout in de (linker)hand worden genomen en voor de borst worden gehouden met de knoppen van het hout van het lichaam vandaan. Vervolgens zet men het mes met de (rechter)hand vlak op het hout en maakt dan met een lange haal een trekkende snijbeweging. Let er hierbij op dat ongeveer midden tegenover dit snijvlak zich een knop bevindt. Zoals al bij het kroonenten werd aangegeven, mag deze snede niet te kort zijn, daar anders het vergroeiingsvlak te klein is.
Net als bij de ent moet ook bij de vrijwel even dikke onderstam zo'n lange gladde snede worden aangebracht. Om te zien of beide bij elkaar passen, moeten ze even op elkaar worden gehouden. Is de onderstam iets dikker dan de ent, dan moeten ze zo op elkaar worden gezet dat tenminste het cambium aan één kant op elkaar sluit, zodat het op die manier nog aaneen kan groeien.
Daarna wordt net als bij het kroonenten stevig aangebonden met raffia, maar wel zo dat het tegenover de snede zittende oog vrij blijft. Ten slotte wordt de hele entplek met entwas ingesmeerd.
Een verbeterde methode is het *copuleren met contrasnede.* Die contrasnedes ontstaan door met het scherpe entmes, recht en kort, in de lengte in het snijvlak te snijden. Deze snee wordt bij de ent gemaakt van onder tot op een derde van boven van de copulatiesnede, bij de onderstam juist van boven tot op een derde van onder. Ent en onderstam worden daarop zo in elkaar geschoven dat de copulatiesnedes precies op elkaar liggen, waarbij de tongen van de in elkaar geschoven contrasnedes zorgen voor een extra innige verbin-

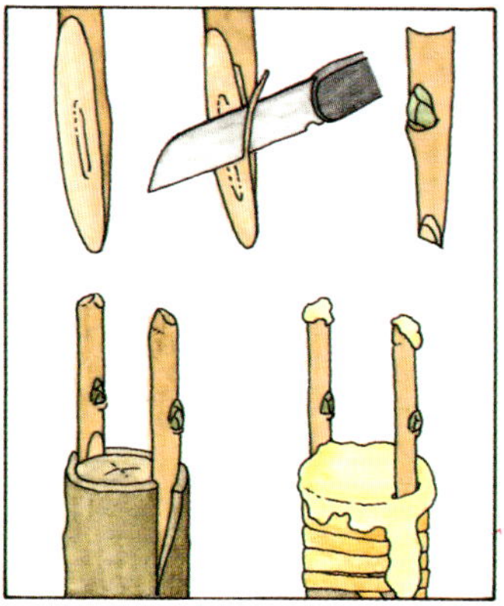

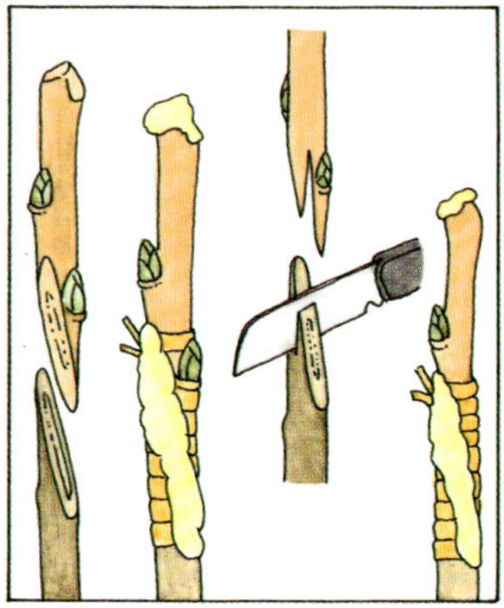

Kroonenten

Copulatie of plakent

Spleetenten

Driehoeksenten

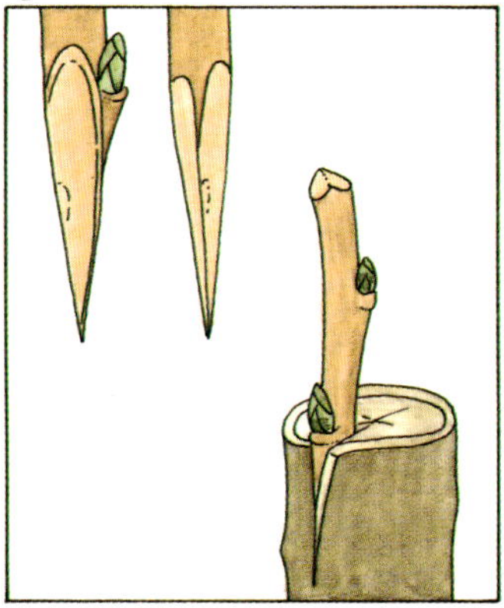

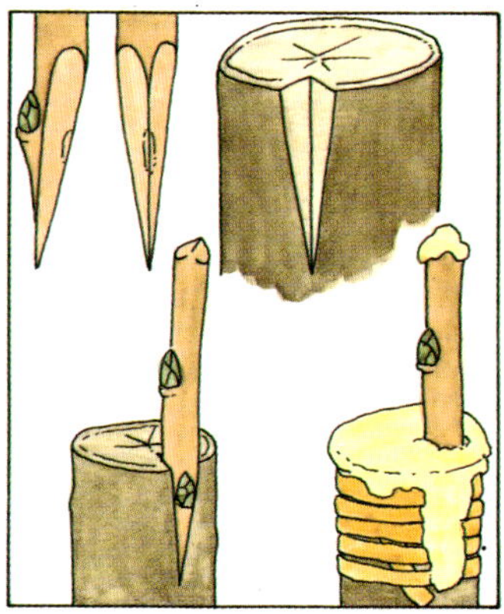

Hier de voor de tuinliefhebber belangrijkste manieren van enten.

Als de in het voorjaar gezette enten mislukt zijn, dan kan het in augustus opnieuw worden geprobeerd. Manieren om in de zomer te enten zijn het kroonenten en het oculeren.

Het slijpen van het entmes (boven links). Verder: het enten in de zijdelingse spleet. De sneden aan de ent... (boven rechts). Het openen van de spleet... (onder links). De ent helemaal klaar op het binden en insmeren met entwas na (onder rechts).

ding. Ook hier wordt tot slot stevig aangebonden en met entwas ingesmeerd.

Het zijdelingse spleetenten

Dit is net als het gewone spleetenten lastiger om te doen dan kroonenten, maar het kan al in februari worden uitgevoerd. Met het enthout is om die tijd nog geen probleem te verwachten. De enten zullen nog wel goed in rusttoestand zijn. Een voordeel van alle vormen van spleetenten is dat de uit de enten groeiende takken zeer goed komen vast te zitten. De enten krijgen bij deze vorm van enten twee copulatiesnedes in plaats van één, en wel links en rechts van een knop, in plaats van ertegenover. Die zijdelingse sneden moeten zo worden geplaatst dat ze een smalle wig vormen.

Boven in de entplaats wordt in het hout een zijdelingse spleet gemaakt met het entmes. De diepte moet net groot genoeg zijn om de wigvormige ent er in te zetten. Tot slot moet men ook hier weer aanbinden en insmeren met entwas.
Bij het spleetenten zijn alle voorbereidingen net als bij het kroonenten. De kroon wordt op dezelfde manier in de winter afgezet. Saptrekkers mogen blijven staan en de nabehandeling is hetzelfde, alleen ligt het tijdstip van enten vroeger. De takken mogen bij het copuleren dikker zijn dan de enten.

Het driehoeksenten

Driehoeksenten vraagt door zijn vereiste precisie veel oefening en is daarom voor veel tuinamateurs wel een erg moeilijke methode. Bovendien is driehoeksenten ongeschikt voor het enten in oude bomen; de bast daarvan is veelal te dik. Het is een zeer geschikte methode voor het enten van steenfruit, ook omdat het al vanaf midden februari kan worden uitgevoerd. Onderaan de ent worden twee lange sneden aangebracht, die – net als bij het spleetenten – in een spitse hoek tegen elkaar moeten uitlopen. Uit de plek waar de ent moet komen wordt precies hetzelfde model driehoekige wig gesneden. De ent moet daarin nauwkeurig passen, wat maakt dat driehoeksenten zeer moeilijk is. Na het zetten moet u aanbinden en smeren met entwas. Deze entmethode is geschikt voor vrijwel alle bomen die ook kunnen worden gekroonent. Daarmee wordt bedoeld dat de takken dikker moeten zijn dan de enten. Voor- en nabehandeling zijn dan ook gelijk aan die van het kroonenten.

De eerder besproken zaailingpeer (blz. 80-82) in de tweede winter na het enten. Er zijn 5 pererassen opgezet, waarvan er 4 al in het tweede jaar hebben gebloeid en vruchten gegeven.

Waarop letten bij het enten van pruimen, kwetsen en kersen

Kroonenten is voor appel en peer de meest aangewezen methode vanwege het hoge slagingspercentage. Hoewel dit ook kan worden toegepast bij steenfruit, is daarbij succes veel minder zeker. Zeker bij de bovengenoemde fruitsoorten verdient enten in februari de voorkeur, mits het weer geschikt is om te enten. Omstreeks die tijd zal echter gebruik moeten worden gemaakt van hetzij spleetenten, dan wel driehoeksenten of mogelijk copuleren. Dit laatste past men alleen toe bij dunne twijgen die omgeënt moeten worden.
Mislukt het enten in februari, dan kan vanaf april tot omstreeks augustus dit opnieuw worden geprobeerd door middel van kroonenten of oculeren.
Kersebomen kunnen buitengewoon goed worden omgeënt in de bloeitijd, of in de afbloei, als de bloemblaadjes al vallen. In dat geval worden de bomen vlak voor het enten afgezet. Daarbij moeten wel voldoende saptrekkers blijven staan.

Moeten de takken – om wat voor reden dan ook – al in de winter worden afgezet, dan moeten ze een halve meter 'te lang' blijven. Meteen bij het enten worden ze dan op de ware lengte afgezet, zodat zeker is dat de bast goed loslaat.
Bij het enten van steenfruit ziet men helaas dikwijls dat de enten na een aanvankelijk vlotte groei plotseling afsterven, als het tijdens het enten warm weer was. Het aanvankelijke uitlopen werd mogelijk gemaakt door het reservevoedsel dat in de enten aanwezig is. Is dit echter opgebruikt voordat de vergroeiing van ent en onderstam een feit is, dan verdroogt de ent en sterft dus af. Een mogelijk hulpmiddel hierbij is de ent na het enten met vochtig mos of papier plus plastic folie te omwikkelen.

Zomerenten bij kwets: kroonenten. Duidelijk zijn de resten van de bladstelen (voor de paal) bij de knoppen te herkennen.

Zomerveredelen – kroonenten en oculeren

Zoete en zure kersen kunnen beter hartje zomer worden omgeënt. Met name de eerste twee weken van augustus zijn hiervoor geschikt.

Het kroonenten

Deze methode is uitvoerig beschreven bij het begin van dit verhaal over enten. Dit kroonenten kan enkel slagen zolang bij het enten de bast nog goed loslaat. Bij heet, droog weer is deze periode echter verrassend kort. Anderszins kan men niet veel eerder beginnen, omdat dan de benodigde twijgen nog onvoldoende zijn ontwikkeld. Voor zomerenten worden namelijk twijgen, zeg maar scheuten, gebruikt die tussen voorjaar en tijdstip van enten zijn ontstaan en goed zijn uitgerijpt, dus aan het eind een gesloten knop hebben. Voor het verkrijgen van het enthout worden dezelfde keuzecriteria aangehouden als beschreven bij enten in het voorjaar: gezonde, rijkdragende bomen met een goed belichte kroon. Om het verdampen van vocht na het enthout knippen zoveel mogelijk tegen te gaan, worden de bladstelen tot op een kleine 2 centimeter afgeknipt. Voor zover niet direct na het verzamelen van het enthout met enten wordt begonnen, moeten de – ontbladerde – twijgen worden gebundeld. Vervolgens worden de bundels omwikkeld met vochtig mos of papier en in plastic folie verpakt. Zo kunnen ze korte tijd worden bewaard en vervoerd. Tijdens het enten worden ze in een emmer met water gezet, zodat ze fris blijven.
De manier van afzetten van de te veredelen kroon is al eerder beschreven, met dien verstande dat het afzetten direct voor het zomerenten wordt gedaan. Dus worden de takken gelijk op de juiste lengte gezet. Ze hoeven niet meer te worden nagesnoeid om verse entplaatsen te krijgen. Wel blijven ook nu een aantal saptrekkers aanwezig, om het overschot aan voedingssap 'op te vangen'.

Verder is alles hetzelfde als bij kroonenten in het voorjaar. Het samengroeien van onderstam en ent vindt nog gedurende de zomer plaats. Het uitlopen van de knoppen ervan gebeurt echter pas in het volgende voorjaar. Zodra echter de enten zijn vastgegroeid is dat te zien. Dan vallen de bladsteelstompjes af: een effectieve controle dus. Het vrijmaken van de entplaats van eronder ontstane jonge scheutgroei is als eerder beschreven, evenals de verdere opbouw van de kroon.

Het oculeren

Deze entmethode wordt overwegend gebruikt om kronen van perziken en abrikozen om te enten, maar verder wordt het inzetten van ogen (Lat. *oculus* = oog) in de fruitteelt weinig toegepast. In de boom-

Een oculatie lukt als hij zorgvuldig stap voor stap wordt uitgevoerd.

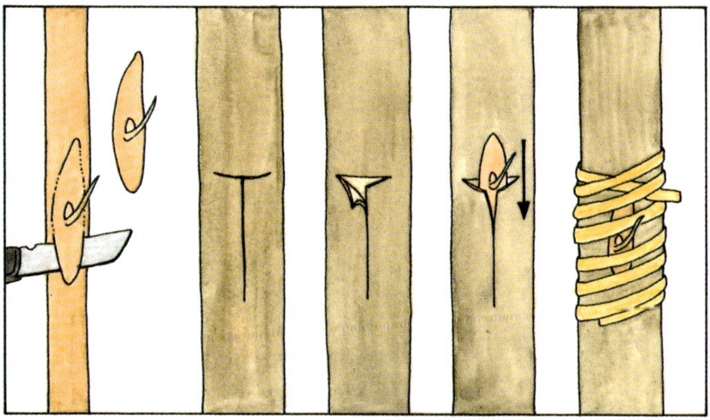

De oculatie. Van links naar rechts: Het oog met een vlak schildje uitsnijden ... de bastvleugeltjes van voorafgaand gemaakte T-snede optillen ... het oog met schildje naar binnen schuiven en met raffia aanbinden.

Een oculatie op een appeltak. Zodra het oog is vastgegroeid, valt het bladsteelstompje af.

kwekerij is het echter de belangrijkste manier van enten. Oculeren wordt gedaan van half juli tot begin september en het meeste dus in augustus. Hiervoor zijn goed uitgerijpte eenjarige scheuten nodig, waarbij al goed ontwikkelde knoppen in de bladoksels zijn ontwikkeld. Deze scheuten worden ontbladerd tot op bladsteelstompjes van 2 centimeter. Ze moeten direct worden gebruikt of kortstondig in vochtig mos of krantepapier bewaard. Bij het oculeren worden met een oculeermes de ogen uit deze twijgen gesneden, elk met een schildje van ongeveer 4 centimeter, van onder het oog omhoog snijdend. De cambiumlaag onder op het schildje moet zo klein mogelijk zijn.
Oculaties worden alleen op ongeveer vingerdikke jonge twijgen gezet. Waar deze ontbreken, moet de om te enten fruitsoort eerst worden verjongd om in 1 tot 2 jaar geschikte jonge twijgen te krijgen. Ongeveer een handbreed boven de basis van de om te enten twijg waaruit de tak van het nieuwe ras moet ontstaan, worden op geringe afstand van elkaar twee ogen gezet, met hun onderkant naar beneden gericht. Hiertoe wordt eerst de bast met het mes T-vormig ingesneden.
De beide bastvleugeltjes worden met het oculatiemes opgetild van het hout. Pak dan het

oog bij de bladsteelstomp vast en schuif het met het schildje naar binnen. Als laatste het boven de 'dwarsbalk' van de T-snede uitstekende stukje schild afsnijden en met raffia aanbinden. Hierbij wordt met de duim van de (linker-) hand het uiteinde van de raffia boven de T-snede tegen de bast aangedrukt. Dan daar twee maal overheen wikkelen om vervolgens al spiralende naar onder aan de T-snede te gaan. Daar met een dubbele lus afsluiten en het geheel goed vast aantrekken. Insmeren met entwas is niet nodig, omdat het oog toch vrij vlug vastgroeit. Zodra het steelstompje afvalt, kan de raffia worden losgesneden. Het uitlopen van het oog gebeurt pas het volgende voorjaar. In de voorafgaande winter wordt de geoculeerde tak op een handbreedte boven het bovenste geslaagde oog afgeknipt. De boven het oog overblijvende knoppen van het oude ras worden weggesneden, zodat een kale klik overblijft. Als het oog begint te groeien de jonge scheut tegen deze klik aanbinden. Meestal gebeurt dit als de jonge scheut ongeveer een hand lang is; zo hebben ze steun en groeien in de gewenste richting door. Tegen begin augustus, zodra de oculatie sterk genoeg is, wordt de klik afgeknipt en het wondje ingesmeerd met een afdekmiddel. Het verdere afwerken gebeurt zoals al eerder is beschreven bij het kroonenten.

Register